一位教育者的诗和远方

旅行，与世界对话

——李镇西观国外教育

李镇西 / 著

漓江出版社
·桂林·

图书在版编目（CIP）数据

旅行，与世界对话——李镇西观国外教育 / 李镇西著
. -- 桂林 : 漓江出版社 , 2021.1
ISBN 978-7-5407-8978-7

Ⅰ . ①旅… Ⅱ . ①李… Ⅲ . ①游记—作品集—中国—当代 Ⅳ . ① I267.4

中国版本图书馆 CIP 数据核字 (2020) 第 251931 号

旅行，与世界对话——李镇西观国外教育
LüXING, YU SHIJIE DUIHUA——LI ZHENXI GUAN GUOWAI JIAOYU

作　　者　李镇西

出 版 人　刘迪才
策划组稿　文龙玉
责任编辑　章勤璐
助理编辑　孙静静　周冬辉
装帧设计　红杉林
责任监印　黄菲菲

出版发行　漓江出版社有限公司
社　　址　广西桂林市南环路 22 号
邮　　编　541002
发行电话　010-65699511　0773-2583322
传　　真　010-85891290　0773-2582200
邮购热线　0773-2582200
网　　址　www.lijiangbooks.com
微信公众号　lijiangpress

印　　制　香河县闻泰印刷包装有限公司
开　　本　710 mm × 960 mm　1/16
印　　张　18
字　　数　280 千字
版　　次　2021 年 1 月第 1 版
印　　次　2021 年 1 月第 1 次印刷
书　　号　ISBN 978-7-5407-8978-7
定　　价　49.80 元

目录

育能小学和卍慈学校

昨天晚上乘国航班机离开成都，今天凌晨 1 点到达新加坡。

这次我是应邀前来讲学的。虽然 2006 年春天我已来过新加坡讲学，却依然感到兴奋。飞机快着陆的时候，我朝窗外俯瞰，夜幕下的海面浮着一座座小岛，璀璨的灯光让这些小岛宛如瑰丽的宫殿。

行知文教中心的陈君宝先生把我接到住宿的京华酒店时已近凌晨 2 点。休息了几个小时，上午 10 点，君宝先生陪我前往新加坡育能小学参观考察。一路上，阳光特别灿烂，车子行驶在绿荫密布的大街上，我对君宝说："昨天下午开会时，成都市委党校一教授还给我们讲 20 年后成都将建成'世界现代田园城市'，我今天不就来到了'田园城市'了吗？"

育能小学的陈丽真校长陪我参观校园，校园小巧精致整洁。学生上午上 10 节课，每节课 30 分钟，除了中途休息 30 分钟，其余课间都不休息。我问学生要上洗手间怎么办，陈校长说，学生只要给老师说一声要上厕所，随时都可以出教室。因为学生多教室少，所以分批上课，上午是低年级学生上课，下午则是高年级学生上课。没轮着上课的学生就在学校开展各种文体科技活动。

我从每间教室走过，看到各班的孩子都不多，大概二三十个吧。教室的课桌不像中国的中小学教室那样纵横排列，而是以小组为单位圆桌式地摆放，孩子们很随意地围坐着，老师讲课时，大家都很专注地聆听。教室的窗台上，整齐地摆放着各式各样的水杯，水杯是不能拿进教室的，因为那样是对老师不尊重的表现。

在教室过道，到处都可以看到与教育相关的内容，比如墙上贴着一些有关诚信和尊重的小故事。育能小学特别注重公民意识与道德教育，内容包括“尊重”“诚实”“责任感”“乐于助人”等。我在墙上看到一个老锁匠传艺的故事，故事没有结尾，而是问小朋友们老锁匠会把手艺传给谁。这样做的目的是让学生看完故事后能够进行些思考。

我看到一间教室里只有几个学生，老师却有两三个。陈校长告诉我，这几个孩子智力发育不是太好，学习特别吃力，因此学校专门给他们上小课，安排多位老师辅导他们。

该校学生以华人居多，大概占75%，因此校园里中国气息十分浓厚。比如墙上挂着不少中国字画，都是学生的作品。最多的是五彩斑斓的陶艺作品——小鱼、贝壳、海马、海星等。陈校长告诉我，这都是已经毕业的孩子留给母校的纪念品，以后他们回到学校，看到自己当年的作品一定会勾起许

↓学生作品

多关于母校的幸福回忆。

在一个会议室，通过幻灯片我了解到学校的情况，我对他们的华语教学特别感兴趣。他们通过校本教材有针对性地对孩子进行华文教育，用木偶剧、漫画等有趣的形式，让孩子参与其中，在生活体验中学习华文。

座谈中，老师们向我提了一些问题。有老师问我如何获得职业幸福感，我说职业幸福感当然需要较好的物质待遇，但更重要的是从课堂中去获得。还有一位老师问我如何进行家庭教育，我说，家庭教育最主要的有两点：第一，父母无声的人格影响；第二，做人第一，善良最美。

下午，参观卍慈学校。该校的蔡颖徽校长年轻帅气，领着我逛校园，学校也是小巧精致，处处散发着陶行知思想的气息。该校和中国许多学校都有联系，特别致力于陶行知教育思想的运用与实践。该校的学生都是华人，因此中国味儿更加浓厚。春节临近，校园里已经挂出大红灯笼，还摆放着孩子们迎接春节的各种礼物。我参观了学生的活动室，有合唱团、舞蹈队、器乐演奏、计算机智能创作等内容。学生都是上午上课，下午参加各种活动。参加活动的孩子们正在为迎接春节做准备。我走进古筝训练室，几十个小姑娘为我演奏了一曲《彝族舞曲》，整个教室回荡着熟悉的旋律，让我陶醉。

在学校的一个角落——实际上是一个楼梯下面的狭小空间——陈列着有

↓阅览间一角

关学校历史的图片和实物，主要展示华人在新加坡的生活以及学校的创办历程。那些陈旧的衣服、古朴的马灯和劳动工具等文物，让我们一下子又回到了过去。

在学校的图书室阅览间，我看到一群孩子在那里自由地阅读。蔡校长说，这里完全向孩子开放，孩子们随时可以来读书，不需要任何借阅手续。我想到我校的开放书吧，也是向孩子们自由开放的。学校，就应该有一片让孩子自由畅游的书海。

下午和晚上，分别给育能小学和卍慈学校的老师及学生家长做报告，主题分别为“行知思想和爱心教育”“做最好的家长”。

宏文学校和南洋女子中学校

上午10点多，君宝陪我走进宏文学校，正碰到学生们下课。一群一群的孩子活蹦乱跳的，校园里充满了活力。

胡春河校长陪我逛校园。整整一个上午，孩子们只有这半个小时的休息时间，他们在做什么呢？多数孩子在加餐吃东西，他们买来各种食物坐在餐桌前开心地吃着；在健身房，一群孩子正踩着健身车锻炼；运动场上，孩子们在踢足球、打篮球、跑步。

藏知馆——也就是图书室，孩子们三三两两或站或坐地在看书。

↓巨幅老照片前的学生

图书馆的一面墙上是巨幅老照片：码头边，一群华人正在劳作，扛着沉重的大包。这是100多年前刚到新加坡的华人，是孩子们的先辈。现在，在这幅照片前，孩子们无忧无虑地看着书。照片上的人们，也许就是为了今天的孩子的幸福，才背井离乡来到这里。

在几张乒乓球桌前，一群孩子在打乒乓球。我走了过去，和孩子们打起了乒乓球，孩子们特别开心，都争着轮流和我打。在一个角落，两个男孩相向坐在地上，他们正在聚精会神地下棋。在另一处，一群孩子席地而坐，他们在欣赏钢琴演奏，而演奏者，是一个小女孩。她专注地弹奏着，流水般的旋律从她指缝中淌了出来……

宏文学校的孩子基本上都是华人。这个学校同样特别注重中华文化的传承。用胡校长的话来说，就是他们既注重“扎根”，也注重“创新”。所谓“扎根”，就是将教育紧紧地扎在中华文化的根上。这从他们的校园文化氛围中可以看出。

在校园的一个角落有一簇竹子，旁边的墙上写着一副对联：“未出土时先有节，及凌云处尚虚心。”教室前到处都有大红灯笼，还有“恭贺新禧”等祝福语。

胡校长特别让我注意孩子们穿的校服上的纽扣，原来，每个孩子校服上

↓孩子们的书法作品

的纽扣都是传统的中式纽扣。胡校长说，我们通过这些细节让孩子了解中国文化和传统。

我走进一间教室，这里的孩子们正在学习国画，孩子们笔下的猫头鹰活灵活现。我对一个女孩说："能把你这幅画送我吗？"她腼腆地点点头。

在教室的墙壁上，贴满了孩子们的书法作品，内容都是中国的古诗词。

胡校长带我参观教师的办公室，全校60多个教师全都在一个办公室里，但因为每一个老师都有一个小小的空间，每个空间都很温馨，所以也不是我想象的那么拥挤。我看见一个姑娘穿得严严实实，包着头巾，一打听，原来她是马来族穆斯林，是位英语教师。我请她和我照一张合影，她很乐意地站起来靠着我对着相机微笑。照完后，我对她说："How beautiful you are!"（你真漂亮！）她开心地回答我："Thank you!"（谢谢！）

在会议室，我和胡校长聊天。我问他来这里做校长多久了，他说11年。但他强调像他这么长时间在一个学校做校长是比较少见的，新加坡的校长一般几年一换，老师的调动也比较灵活。如果校长对某位老师不满意，会对这位老师说，这里可能不适合你，你可以另外选一个更合适的学校。我问到老师之间的工资差距，胡校长说，只要教龄和职称相同，工资都是一样的，但年终有一些分红，根据不同的业绩有所差别。

↓我与老师合影

新加坡没有中国那样激烈的升学竞争，我以为老师的压力应该没有多大。但胡校长说，老师们的压力其实很大。我问压力从何而来。他说，压力主要来自两个方面。一是工作量很大，一般老师每周都有35~40课时，人人都做班主任或副班主任，非常辛苦。而且老师当班主任以及从事其他课外的活动辅导，均没有津贴。二是专业成长的压力，因为社会在发展，对老师的要求也在不断提高，因此老师们也面临压力。

新加坡的公立小学直属于教育部，校长和老师都隶属于公务员系统。我早就知道新加坡的廉政做得很好，中午吃饭的时候，一个细节证明了这一点。中午，胡校长请我们吃饭，饭馆的老板有孩子在宏文学校读书。吃完饭，我和君宝走出餐馆来到停车场，却久久不见胡校长出来。过了一会儿，胡校长出来说，老板硬不收他的钱，推让了很久，最后终于收了。君宝告诉我，在新加坡，公务员不能随便吃家长请的饭，更不可接受家长的礼物；老师也如此，因为老师也属于公务员系统，一旦发现违规，后果会很严重。他给我举了一个例子，说有一年新加坡的一位校长去中国山东，对方送了这位校长一床双人被，校长推不掉只好收下，但回国后不敢拿回家，只好放在学校，虽然放学校也没有用，可哪怕放坏了，也比校长私自拿回家好。

这让我想起这两天看到关于停车费的“新鲜事”。君宝每次停车前都会拿出一张卡片，撕下上面相关的年月日部分。这是停车收费卡，撕掉便表明车主交了停车费。可是，我从来没有看到有人来查君宝是否撕掉了停车收费卡。我开玩笑地对君宝说：“你不撕也可以呀！反正没有人查。”君宝笑了笑说：“那是不可以的。”我知道，这就是诚信。

↓停车收费卡

下午，参观南洋女子中学校。这是一所非常著名的中学，已有100多年的历史。时任国家主席胡锦涛访问新加坡，还专门到这所学校来看望师生。我到学校的时候，正遇大雨，雨水冲刷后的校园特别美丽。

王梅凤校长和林婉贞老师热情地接待了我，并陪我参观学校。林老师对我说：“我昨天还在您博客上给您留言呢！”我有点惊喜，我的博客居然还能被这里的同行关注！

走进教学区，正看到一群女孩子在那里排练节目，看见我们来了，她们很有礼貌地回头对我们鞠躬微笑，无声的微笑带着女孩子特有的羞涩和文静，丁香一般清幽。女孩子的白色裙裾，朴素而简洁，恰到好处地展现出女孩子

↑我在南洋女子中学校前

的清纯。

在教学楼的另一个长廊里，一群女孩子在精神抖擞地练队列，这让我想到中国的军训。一问，原来她们是在进行童子军操练。

走在校园内，依然随处可以感受到中国文化的氛围。到处张灯结彩，显然是为了迎接即将到来的春节。

↓童子军操练

学校的标志性建筑钟楼上，悬挂着一副对联："龙腾虎跃南洋旭日蔚玉宇，燕舞莺歌校园繁星妆狮城。"

在学校的教学楼墙上，挂着不同年代的全校师生的合影，

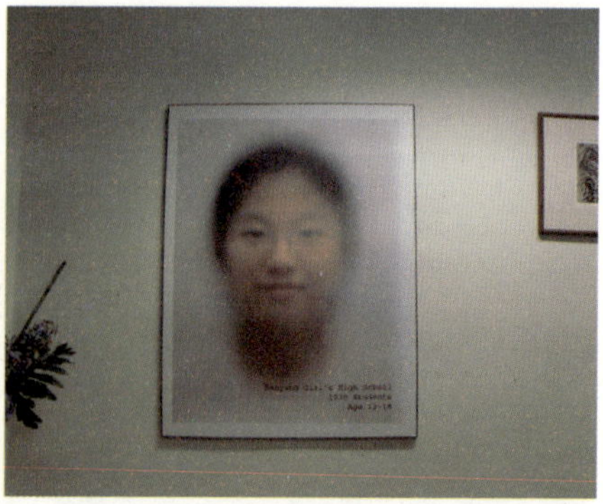

↑ “浓缩照”

成百上千的学生和老师密密麻麻地呈现在照片上，仔细一看，每张脸都那么清晰，着实让人震撼。在王梅凤校长的办公室，我看到墙上挂着一个女孩的照片。我问这是谁呀，王校长笑着说，是我的学生。通过阅读照片下面的英文介绍，我明白了这是艺术家“提取”全校每一个学生的面部特征浓缩成的一张照片。也就是说，这个女孩的脸上潜藏着学校每一个女孩子的面部特征，她是全校学生的形象，也是任何一个女孩子的形象。实在有趣！

晚上，在南洋女子中学校为该校老师和学生家长做题为《做最好的家长》的报告。

与学生一起讲学

上午，在宏文学校为老师们做报告，题为《做最好的教师》。

这个专题我在国内多次讲过，但今天讲这个题目有一个特殊的亮点，那就是我的学生夏亚卉来到了现场，参与我的讲学。夏亚卉曾是我在成都市玉林中学所带高九五届一班的学生，她当年高中毕业后考上了新加坡南洋理工大学，毕业后便留在了新加坡。这次来新加坡见到她，我特别高兴。

↓ 我与学生夏亚卉

当我讲到“班级史册”时，以高九五届一班的纪念册《恰同学少年》为例，我便请她朗读书中

她当年写的一篇名为《班级风景谈》的文章。在掌声中，她怀着真诚自然的感情朗诵了起来——

奔腾的江河、苍翠的群山、缤纷的花朵、清澈的小溪；蓝天、白云、清风、鸟语……这些是多美妙的风景啊！江山如画，身处其中，整个身心都会为之深深陶醉。但，不知你是否体验过这样一种美，一种蓬勃向上，充满了青春活力的美，一种更富内涵的美！而这美丽的风景恰恰处在一个看似平常的班级中……

文章选取了当年我班几个日常场面，展示了班集体的凝聚力和温馨氛围，在场的老师们都被感动了。

中午吃饭的时候，我们谈到学校招生。我问胡校长："有没有关系户或官员给你打招呼要安排孩子进你们学校？如果有，你怎么办？"他说："不会的。即使有，我也不会答应。有一次，教育部部长给我写信，说他有一个熟人想进我们学校，希望我能够照顾。我便给他的朋友写信，说我校学位已满，无法满足你的要求。同时，我把这封信的副本也发给教育部部长了。"我说："那你不担心部长给你小鞋穿吗？"他笑了："不可能的。"他不知道我刚才还想请他"关照"夏亚卉呢！因为夏亚卉的女儿已经4岁，再过两年要读小学了，我差点就对胡校长说，请以后多关照关照我的学生！幸好没说，否则，简直丢中国的脸！

下午，我与部分老师以座谈会的方式举行"读书会——深度对话李镇西"。来新加坡两天，遇到不少当地老师说"早就"读过我的书。我以为人家是说客套话，结果对方还说出了书名——《爱心与教育》《做最好的老师》《走进心灵》等等。许多听课老师还特地带着我的书来请我签名，自称是我的"新加坡粉丝"。一个老师还拿出《爱心与教育》翻给我看，里面勾勾画画圈圈点点，真让我感动。上午做报告中途休息时，书商还赶来卖我的书，除了《爱心与教育》《做最好的老师》，还有《做最好的家长》《听李镇西老师讲课》《用心灵赢得心灵：李镇西教育讲演录》《教有所思》，甚至还有我和我校老师合著的《把心灵献给孩子》！我真没有想到，我的书居然在新加坡也如此畅销。说实话，我甚为得意。

座谈会两点钟开始，但在这之前，已经有不少老师很自然地围坐在一起讨论了。参与讨论的有土生土长的新加坡华人，也有从中国移民新加坡的老师，大家都感叹新加坡教师职业的艰辛。

有一位老师是十多年前从中国来新加坡的，她说她最大的感受就是在新加坡没法把主要精力投入在教学上。旁边的老师们也纷纷附和，说杂事太多。不但每周课时多，而且各种社团活动，包括运动会训练等，都安排给老师。总之，新加坡教师的工作不像中国教师那么单纯。说到午餐，在中国很多学校有免费午餐，我问新加坡是否有，他们都说没有，甚至还有老师说有时忙得中午根本没有时间吃午饭。老师们还说，新加坡有升学压力，有各种各样的升学排名，压力实在是很大。

两点钟，“深度对话”开始，几位老师谈了他们读我的作品所得到的收获。有一位叫陈红的老师，发言题目就叫作“为我打开一扇窗”，说是读了我的作品后“受启发”，甚至还借鉴了一些方法，比如给有进步的后进生发报喜单。她滔滔不绝地说着她的教育幸福，我被感染了。其实，陈红老师之所以有这些教育的幸福，原因并不在于“学习”我，而是她爱孩子，因而用心做教育，自然会赢得孩子的心。还有几位老师也向我分享了他们的教育故事。有一位60岁的女教师的发言让我很感动。她说：“就工作来说，当然很累，每天生活就像在‘打仗’一样，下了课马上就要跑到另一个教室。但是我们不应该抱怨。我们要开心地过日子，如果你老是抱怨你的工作，会很苦的。要抱怨是抱怨不完的——抱怨老公不爱你，抱怨孩子不努力，到了盖棺的时候，还抱怨棺木不够大。何苦呢？”“只要心中有爱，你看每个孩子都很可爱！……不要把学生当作学生，而要当作自己的孩子，这样你工作才有动力，才有爱心。”她朴素的语言，激起了大家的掌声。她的生活也很不顺，孩子有智力障碍，但经过努力学习，孩子现在是一所大学的讲师。人的幸福关键在心态。我们再次给她以掌声。

还有一位老教师，谈起学生对她的依恋很是动情。她说：“一个学生碰见我说，我们想发寻人启事找到你，因为我们分别38年了，我们都很想念你。”前几天，她的学生还为她庆祝生日。

主持人要我说几句，我说，刚才听了大家的发言，我很感动。大家谈到教师的辛苦，这是一个世界性的普遍问题。至少据我了解，世界上没有哪个国家的老师不在抱怨当老师辛苦，待遇又低。包括我前几年去欧洲，德国的老师也给我说他们很辛苦。但是，我们的老师依然在坚守。像我这样所谓“知名”的教师毕竟是少数，但像我一样热爱教育甚至比我做得更好的老师太多太多，只是默默无闻而已。我真的要向大家学习呢！我常想，一个人有自己钟情的事业，或者说，有一件自己感兴趣的事，就很幸福了，其他都是次要的。

晚餐桌上，大家谈笑风生。我说这次新加坡之行最有意思的就是我的学生夏亚卉到了现场，并且参与了我的讲学过程。一位老师说：“的确很有意思。《做最好的老师》这本书她保存了那么久，而且一直带在身边，这么多年过去了，她还带到了新加坡。今天又在这么一个场合你们师生相见，由她朗读当年的作文，很感人的！”我说：“其实我在国内讲学不止一次出现类似的情况。我的学生遍布全国各地，我出去讲学，经常会有学生来到现场。比如那年在中国科大讲学，我把崔涛请到现场，讲学中我就讲他的故事。还有一次在庐山讲学，正碰上杨嵩在庐山，于是我也把他请到会场。前几年我在广州体育馆讲学，几千听众中，就坐着我的学生宋平。中途休息，围着我照相签名的人太多太多，有的老师无法靠近我，就干脆请我的学生宋平合影签名。”大家听了，哈哈大笑。我说：“只要用心去做教育，你的教育生涯就会有许多传奇！”

游玩新加坡

君宝、小林老师和她的父亲陪我游览。

我们先去了摩天观光轮，在高空看新加坡全景，真是心旷神怡。阳光对新加坡实在太慷慨了，如水一样从空中泼下来，把新加坡洗得一尘不染。然后我们来到有着著名的鱼尾狮标志的新加坡河畔。这里现在风光无限，是赴新加坡游客的必到之处，但据说这里正是当年华人劳工上岸处和挥洒血泪的地方。

离开新加坡河，我们来到牛车水原貌馆，形象地感受当年华工的艰辛。这是由一栋三层的老式洋楼翻新修改而成的纪念馆，面积虽然不大，却也散

↑ 20 世纪初的新加坡河

发着浓浓的殖民味道。早期从中国南方来新加坡的华人过番客，主要来自广东与福建，生活非常艰苦。他们大多以店屋里狭窄又拥挤的小木房为“家”。困苦的生活使部分移民染上吸毒、抽大烟、赌博等恶习。缓缓走进原貌馆，看着一间间阴暗狭小的屋子，犹如走进时光隧道，各种实物展览品，让我有身临其境的感受——感受早期华人移民的生活情形及他们的辛酸经历。

从原貌馆出来，我们在熙熙攘攘的小街上漫步，各店铺都散发着春节的气息。我和小林又谈到新加坡的教师。她告诉我，新加坡的老师很辛苦。当年国家为了吸引老师们终身从教，曾有这样的规定：如果教师能够干到 60 岁退休，均能一次性领到 30 万元新币退休金，除此之外，每个月的退休金照拿。即使如此，能够干到退休的老师依然很少，很多人都熬不到退休便辞职了。因为做老师太辛苦了。不仅仅是课时太多，还要做许多行政方面的事，比如学校管理、教育学生、训练学生的艺体技能，或者组织学生的课外社团活动，等等，几乎无所不包。我开玩笑地说：“新加坡的老师真正做到了全员育人，人人都做德育工作者！”

新加坡很小，所以教育部直管每个学校，甚至每天早晨每个学校学生的出勤——应到多少，实到多少，请假多少等数据都要上报至教育部。新加坡的教育还有一个特点，就是家长和学生非常强势。政府公开宣称，学生和家长是政府的最大客户，一定要好好为他们服务。因此，老师最怕的是家长投诉，比如留学生补课或者批评学生重了等等，都可能遭到家长投诉。如果这样，老师的日子是很不好过的。

这样看来，相比而言，我感觉还是中国的教师更具幸福感。

下午，我们来到海滨，蓝天白云之下，一望无际的大海静静地享受着阳光的拥抱。我的心仿佛也融进了蓝天、白云、海水之中。

晚上，和新加坡著名作家尤今一起吃饭。前次我来新加坡讲学，尤今老师作为高中华文教师听了我的报告，我们当时就互相认识了。我回国后，收到学生夏亚卉的电子邮件，说她在《联合早报》上读到了尤今老师听我报告后的感想。今天第二次见尤今老师，我很激动，感谢她专门来看我。今天见到尤今老师，感觉她比 4 年前还年轻呢！

我们一边吃饭一边聊天。尤今老师说她去年在成都住了 5 个星期。她对成都的生活赞不绝口，说成都人热爱生活，称赞成都的农家乐。她听说北京

↓海滨一角

等地也学成都搞农家乐，但弄起来后搞不下去，因为很少人光顾，只有成都人才懂得这种享受。我说："是的，所以我一直不愿离开成都。那年我没去苏州，很多人为我惋惜，说'上有天堂，下有苏杭'。于是我写了一篇文章《成都的美丽和魅力》，开篇便说：人说'上有天堂，下有苏杭'，因为说这话的人没去过成都。"尤今老师哈哈大笑。

她问我如何让老师感到职业幸福，我说还是应该在和学生的交往中，在和孩子的心心相印中，从课堂教学智慧中获得幸福。我谈了最近两天我所了解到的新加坡老师的艰辛，她说的确如此。我说，全世界的教师都说自己辛苦，其实，这个世界上并不是只有教师辛苦。她很赞同我的观点，她说自己原来是做记者的，因为觉得记者职业太辛苦，所以她改行做教师，结果感觉比起记者，当教师真的是太轻松了。但这个话，她不敢说。

我给她说了昨天我的"中国式思维"，就是差点让胡校长以后关照我的学生夏亚卉，尤今老师哈哈大笑，说："在新加坡是不可以开后门的！"她还给我讲了一件真实的事："有一个新加坡著名歌手，为一所非常好的小学

↓我与作家尤今

做了一场义演，这个歌手从来没有给任何学校做过义演，那次却做了。不久，他带着一个亲戚去见这个学校的校长，希望校长能够帮忙让这个亲戚的孩子就读该校，但校长却没有答应。这在新加坡是很正常的。”我知道了，这就是新加坡。

我们聊中国的作家，谈毕淑敏，谈张贤亮，谈邵燕祥……我说我年轻时也曾希望自己成为作家，尽管现在我也是省作协会员，但我将更多的精力投入了教育。我说：“虽然我没有成为专业作家，但对文学的爱，让我的教育更加有滋有味，而且文学和教育有一个共同点，那就是都关注人的心灵。”尤今老师说：“是的，文学和教育都要求有对人的理解。”我说：“都是人的学问！”

尤今老师拿出她刚刚出版的新书《五彩箫声》赠给我，我请她给我签名，尤今老师非常认真地在扉页写道——

李镇西校长雅正

尤今　2010 年 2 月 7 日于新加坡

我晚上就要离开新加坡了，我对尤今老师说：“下次您来成都请一定要告诉我啊！”她听说我要给女儿寄新加坡明信片，便叫我把明信片给她，她明天帮我寄出。可我的明信片上连邮票都还没贴，觉得很不好意思。但尤今老师说：“不用管了，我明天给你贴上邮票寄出去就是了！”我把明信片给尤今老师并致谢，她看了看我写的明信片，上面只有中文的地址，她说：“这样不行的，还必须写上英文地址。”说着她便帮我添上英文地址。这个细节让我十分感动。

思源樓
培風兒女有序
培風兒女有禮
倒數464天
培風兒女有義
培風兒女有情

抵达吉隆坡

早晨8点，我开车出门。先到学校拿了几本我写的书塞进行李包，然后前往机场。

从成都启程，飞到广州转机去吉隆坡，4个小时10分钟的行程，我在飞机上写了两篇短文，都是写我校老师的。快写完的时候，电脑没电了。我关了电脑，拿出《南渡北归·北归》看了起来……

22点10分，飞机着陆吉隆坡机场。走出机场，张瑞慈女士和她先生前来迎接我。张瑞慈是马来西亚教育部副部长办公室特别事务官，华文教育督学。我和她算是老朋友了。2009年春天，我在南京为马来西亚的教育同行做了一场报告，当时张瑞慈女士听了很是感动。她一直想让我到马来西亚来讲学，所以我才有了这一次马来西亚之行。

从机场到市区还得1个小时车程。张瑞慈的先生开车，她和我聊天。

我问马来西亚有多少华人学校，她说小学有1200多所，中学60多所。我又问华人在马来西亚的数量，她说占整个马来西亚人口的24%左右。

我说，你们很重视华文教学啊！她说："没办法，我们有危机感啊！因为整个华人的文化现在在马来西亚实际上是很边缘化的，我们如果自己不重视，华文真的就要慢慢消亡了。"

我吃了一惊："是这样的？"

她说："是呀！政府更重视的是马来文的学校，因为马来西亚毕竟以马来人为主体。”

我问：“这些华人学校是公办的吗？”

她说：“是呀！但政府只拨给教师工资，其他的校舍建设，包括硬件添置，全靠学校自己想办法。”

我又问她的祖辈是什么时候到马来西亚的，她说是100年前吧。她说：“我们都有危机感，华语教学不被重视，这样下去，华人的文化自然会越来越边缘化，最后泯灭。”

我不知道说什么。

她说：“像这次培训，来听您讲座的主要是校长，也有一些老师，都是从马来西亚全国各地赶来的，有的老师离得比较远，坐车要花七八个小时。”

我很感动。

到达珍苑国际酒店已经是深夜零点了。

崇文华小

上午，张瑞慈女士忙着准备明天的培训会，她老公黄先生陪我去参观崇文华小。

车开进一个小巷，旁边是比较陈旧的平房，甚至还堆积着垃圾，我正在想这学校的环境不是太好啊！可一进校门，崭新的运动场便让我眼前一亮。

校长王仕发50来岁，正在操场边和前来参观的一拨客人合影。见我来了，快步走来和我握手：“欢迎欢迎！”然后领着我参观学校。

他指着运动场说：“这是我们刚刚建成的。”我看了一下，运动场不大，环形塑胶跑道也比较小。我问：“这是200米跑道吧？”

他说：“没有。160米。”

然后他接着说：“这都是学校自己集资修的啊！”

我想起昨晚张老师对我说的，华人学校的建设都得靠校长去集资。

我看到学校的教学楼都写着“谭成辉楼”“王开荣楼”，我问：“这都是捐资者的名字吗？”

他说：“是呀！他捐钱给我们，我们就把他的名字留下。你看，那也

↑我与王仕发校长

是。”他指着远处一座亭子，上面写着“林双发轩”。我想到刚才在学校停车场里也有许多柱子上都写着谁谁谁捐献，比如“梁水永捐献”。“那也是别人捐赠修建的？”我问王校长。他说：“是呀！他捐助我们修一个柱子，我们也给他留名。”

↓捐献者纪念

王校长说：“我在这里做校长 5 年多了，已经为学校筹集了 1500 万资金了。”语气里既有自豪，也透着点无奈。

我由衷地说：“相比之下，我当校长比你幸福，因为我不需要去筹款办学，而你还要操心学校的发展资金。不过，前几年，中国许多学校的校长也是这样的，要四处找钱。”

王校长带我来到崇文文物馆，实

际上就是校史展览室。走进去，空间不大，也就十几平方米吧，但一件件文物，一张张图片，让我们感到一股历史的气息扑面而来。

崇文华小全称是“吉隆坡崇文国民型华文小学”，创建于 1938 年。玻璃柜里陈列的物件，如上世纪 70 年代的油印机，1956 年的地理课本和华文课本，还有各种奖杯、奖状和毕业证书等，让学校 80 多年的历史形象而鲜活。

这样的校史呈现让我立刻产生共鸣，因为我校明年也将迎来 10 周年校庆，我也在构思校史陈列室，我一直在想，“校史陈列室”一定不要简单罗列各级领导视察的照片和一串串升学率数字，而应该突出普通的老师和普通的学生，要让实物说话，让历史触手可及。

↓崇文文物馆部分展品

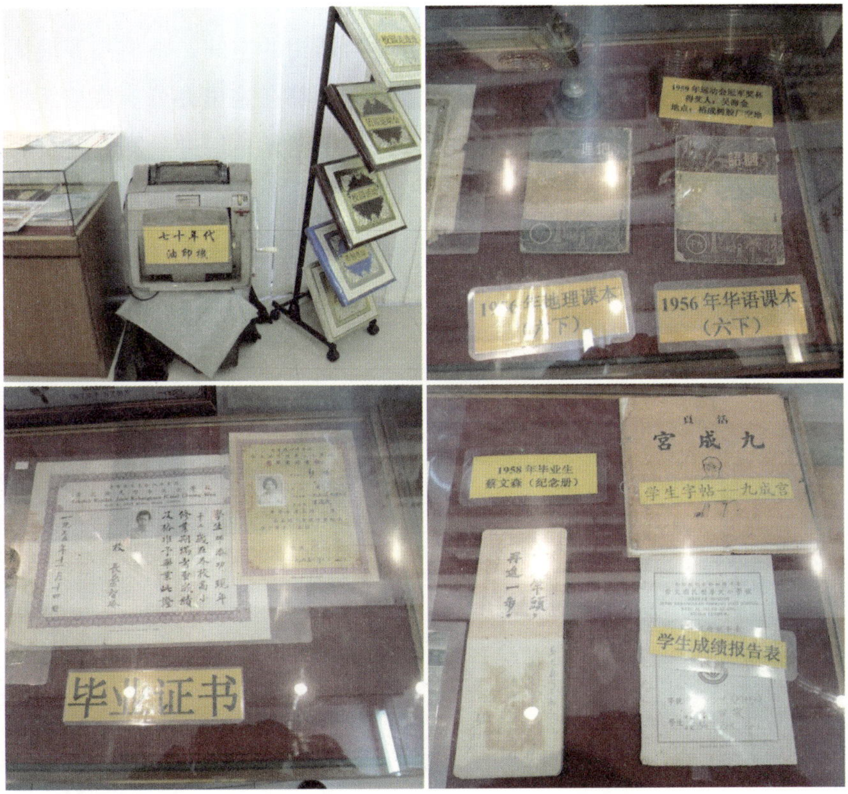

崇文华小现有学生2372人，48个教学班。学校的校训是“勤朴毅勇”，学校对这四个字的解释是：勤——尽力多做，不断地做；朴——节俭不奢华，不浮夸；毅——坚决持久，毫不犹豫；勇——胆气过人，勇于向前，敢于作为。

他们还制订了学校宪章，很简单，就5句话——

1. 领导学生迈向教育成功。

2. 协助学生解决有关课内与课外的问题。

3. 培养负责任、守纪律和爱校的品德。

4. 与各有关方面成员通力合作以使学生能在融洽的气氛下达至教育成功的目的。

5. 塑造一个理想、美观、整洁和安全的学校环境。

我注意到他们的学校特色是：加强纪律，提升形象。我笑了，“加强纪律，提升形象”是任何一个学校都会追求的，既然如此，他们为什么要把这个视为特色呢？

我们来到教师办公室，这是一个极为开阔的空间，整整齐齐地摆放着一排排办公桌。王校长说，他们学校所有老师都在这里办公。这与新加坡教师办公环境一致。这几天正是马来西亚放假期间，所以办公室里没有老师。但可以想象，上课期间，这里是怎样一番紧张而充满生机的景象。

有一个不大的房间却坐满了几位老师模样的人，王校长说，这是书记办

↓教师办公室

↓校长办公室

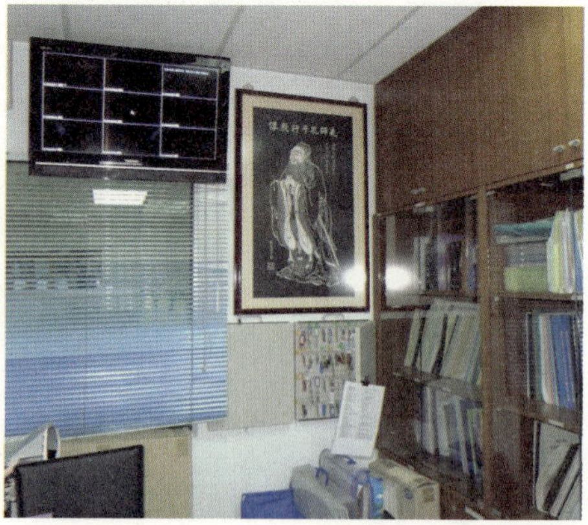

公室，里面的人都是书记。他还说："放假只是老师放假，校长、副校长和书记们都不放假。"

我一愣，"书记们"？随即反应过来："你们的书记就相当于我们那里行政办公室的干事，相当于文书！"他笑了："对对，就是文书。呵呵，我知道在中国，书记可了不得！"

来到校长办公室，办公室很狭小，墙上挂着一幅孔子像。墙上还贴着全校教师一览表。我仔细看了看，问："你们学校共有多少教职工？"王校长说："连我在内，84 人。"我心里算了一下，2372 个学生，84 个教职员工，而我所在的学校小学部 1200 个学生，60 个教职员工……"哇，你们老师的工作量很重啊！"我不禁感叹道。

他说："是呀！在马来西亚，一个小学老师的周课时是 33 节。"

我惊叹："我的天！你们一周也上 5 天课？"

王校长说："是的。"

"学生几点到几点在学校？"

"学生 7 点半到校，中午 1 点放学。"

我再次惊叹："1 点就放学？"

他说："全国的小学都是这样。但是下午我们有各种活动。"

我问："下午的活动学生必须参加吗，还是自愿参加？"

他说："周三下午必须参加，其余时间自愿。"

我说："那这些孩子回家后，他们的父母不都还在上班吗？孩子谁管？"

王校长说："这些学生下午一般都去社会上的各种班啦！"

我看到教师一览表上有几个教师的名字单独列成一行，便问这是怎么回事。王校长解释说："这几位是特别教师。"

"特别教师？什么意思？"

"就是这些老师是不上专业课的，也不在学校编制里面，是政府额外给学校指派的，由政府支付他们工资。"

"不上专业课？那他们上什么课？"

"他们负责上心理咨询课、宗教课和特别辅导课。"

心理咨询课和宗教课我明白，但"特别辅导课"又是什么意思呢？

王校长给我解释："特别辅导课是专门针对各班特别差的学生上的课。比如，如果有的孩子，成绩特别差，表现也很差，便把这些学生送到特别辅导老师那里去，让他来辅导。"

我问："这样的孩子多吗？"

他说："大概五六个。"

我又问："他们的父母会不会觉得这是歧视呢？"

他说："不会，这恰恰是对这些孩子的特别关照啊！比如这孩子学习暂时跟不上班里的教学进度，我们就让特别辅导老师给他单独教学，等他补上了落下的知识，再回到原来的班上去。"

嗯，差别化对待恰恰是一种教育公平的体现。我想到我们学校正在进行的分门别类的因材施教。

在图书馆，我看到墙上贴着马来西亚的国家教育哲理——

在马来西亚，教育是一项持续的事业，它致力于全面和综合地发展个人之潜质。在信奉及遵从上苍的基础上，塑造一个在智力、情感、心理与生理方面都能平衡与和谐的人。其目标在于造就具有丰富的知识、积极的态度、崇高的品德、责任感，并有能力达至个人幸福的大马公民，从而为社会与国家的和谐与繁荣做出贡献。

还有他们的教育发展大蓝图六大策略——

1. 建立民族国家；
2. 发展人力资本；
3. 强化国民学校；
4. 拉近教育鸿沟；
5. 重振教师专业的威信；
6. 把教育机构的卓越水平提升到更高峰。

从这些文字中，我感到马来西亚对教育的重视。我问王校长："马来西亚的教师找工作难吗？"他说："不难，只要接受了师范培训，国家就已经给你安排好学校了。"

我又问："教师的收入怎样？"

他说："一个本科生刚到学校，一个月是3000马币。"我心里盘算了一下，相当于人民币6000元。但马来西亚的生活消费水平有多高，我不清楚。

在教室，在阅览室，在走廊，在校园，到处可以看到引导孩子做人的提示语——

太阳光大，父母恩大，君子量大，小人气大。

口说好话，心想好意，身行好事。

懈怠者等待机会，用心者抓住机会，聪明者运用机会，努力者把握机会。

脾气嘴巴不好，心地再好也不能算是好人。

做好事不能少我一人，做坏事不能多我一人。

心中常存善解、包容、感恩、知足、惜福。

人生最大的成就就是从失败中站起来。

不要随心所欲，要随心教育自己。

站在半路比走到目标更辛苦。

…………

中午，黄先生和王校长请我吃马来西亚小吃，我们来到一个很简朴的路边小馆子。我开始有些担心我不喜欢吃，结果先端上来的是一碟辣椒，我一

↓校园提示语

下就兴奋了。我们吃的是“肉骨茶”，其实一点茶都没有，就是大大的排骨和豆腐、蘑菇还有一些蔬菜一起煮，似炖非炖，似烧非烧，反正很好吃。

分量太多，我们 3 个人居然没吃完。他们将剩下的打包。结完账，我问多少钱，王校长说：“70 元。”相当于人民币 140 元。这么便宜！我想到大学毕业生做小学教师每月工资 3000 马币，够可以的了！

晚上，在酒店房间修改调整明天的讲座提纲，重新做幻灯片。

“爱心与教育”讲座

上午 9 点多，我到了会场——其实就在我所住的酒店。这次活动的主题是“爱心与教育”。

马来西亚华人有一个相当于政党的组织，叫马来西亚华人公会，简称“马华公会”。多年来，马华公会一直致力于提升华文教育（他们简称“华教”）在马来西亚的地位和品质。2001 年，马华公会以 1997 年华小（即华人小学，后文同）毕业生为对象做了一个调查，发表了《一个都不能少》报告。报告显示，1997 年华小毕业生辍学或流失率为 24.48%。教育部办事处于是拟定了计划，同心协力朝降低华小毕业生辍学率的目标迈进，这个计划被命名为“爱心计划”。2006 年，马华公会正式推出“马华公会教育振兴计划——素质教育，面向未来”。此计划在全国遴选了一些相对比较薄弱的华小，被遴选的学校就叫“爱心教育学校”。马华公会希望通过这项教育计划，在努力降低华小毕业生辍学率的同时，提升全民教育水平和素质，落实教育振兴的目标。

根据《一个都不能少》调查报告，华小毕业生辍学的主要原因为小学升中学后交际语言的变化，学生跟不上学业进度，此外还有家庭环境与社会风气的影响。针对上述原因，爱心计划的内容包括：通过培训课程注入多元活泼的教学方法，注重校园中华文化的熏陶，举办教师与校长心态改变及管理的培训，积极推动校园的阅读风气，等等。我被邀请，就是落实计划中“举办教师与校长心态改变及管理的培训”的一个举措。

会场外面，有听课者所在学校展示的各种爱心教育的成果，琳琅满目。

↑会场外展示

10点整，我开始给来自马来西亚50所爱心教育学校的老师讲课，题目是“以心灵赢得心灵”。为我主持的老师是一位名叫郑玉表的美丽老师。

马来西亚的讲学议程和中国的不太一样，我刚讲了半个小时便中断，因为要举行开幕式。我估计是为了等前来出席开幕式的马来西亚教育部副部长魏家祥博士和马华公会总会长蔡细历吧。蔡细历会长致开幕词。在致辞中他大谈争取华文教育的权利，他的讲话不时激起老师们的掌声。

我注意到，每当发言者说“大家好”的时候，下面听课的人自然会呼应“好”。这个现象，我几年前出席一些海外华人的研讨会时就感受到了。而在中国——准确地说是在中国大陆，无论发言者如何热情洋溢地对听众说“大家好”，下面都是一片木然，没有任何反应。如果是领导，他说“大家好”的时候刻意提高音量，那大家就知道是在提醒鼓掌，于是便有掌声了。

开幕式结束前，马华公会总会长蔡细历和教育部副部长魏家祥为各所爱心学校颁奖。我也得到一份感谢状，感谢我“对马来西亚华语教育的贡献”。

开幕式结束后，便是午餐。我回房间休息了一小会儿，下午2点钟，继续开讲。

在谈到理解学生、尊重学生时，我举了一个例子：在中国好多学校的大门口，早晨都站着值周的学生迎接老师的到来，每进来一个老师，学生们便鞠躬问好，可有的老师——不，应该说是不少老师却不理睬给自己鞠躬问候的学生。

报告结束后，马六甲州督学刘荣禧先生问，为什么学生要到校门口去迎接老师呢？在马来西亚，这是不可能的，因为没有学生便没有老师，所以我

↑我与马来西亚华人公会总会长蔡细历（中）、马来西亚教育部副部长魏家祥（右）

们的学校是校长和主任在校门口迎接学生。

不时有老师前来和我合影留念。我注意到一些女教师穿着统一的浅绿色旗袍，将身材包裹得格外苗条婀娜，很美。我问她们："这旗袍是你们统一的职业装吗？"她们含笑点头。

因为参加培训的老师都集中住在这个酒店，所以每次进出电梯都很拥挤，但是人们彼此之间都尽量谦让，点头微笑，让我很自然地想到"彬彬有礼"四个字。

晚上去离吉隆坡20多公里的一个叫"巴生"的地方吃饭。这里有一个"椰林园"，据说有极具马来西亚特色的海鲜。因为是下班高峰期，所以路上有些堵。坐了一个多小时的车到了那里，他们认为很好吃的东西，其实我只觉得有特色。不过，比食物更打动我的是主人的热情。

在去的路上刘荣禧督学就开始给我讲马来西亚华人的历史和华语教育的艰难。

聊到华语教育，刘督学说，最初华人来到马来西亚，以中国不同的方言结为帮派，比如广东、福建、广西等。后来大家都以普通话作为共同的语言，虽然不标准，但有了一个能够凝聚大家的东西。在马来西亚，华文的地位很低，比如商店招牌，华语不能比马来语显眼，字必须要小一些，必须置于马来文的下方。华文在中学是选修，而马来文和历史则是必修，如果这两门课不过关，就拿不到中学毕业证，那就意味着11年的书白读了。马来西亚实行的是11年强制教育，小学6年，中学5年。中学不分初中高中。

“华人一直在争取华文的社会地位，这方面林连玉非常值得我们纪念。”荣禧提到的林连玉，我却没听说过。于是，他滔滔不绝地给我讲起了林连玉。林连玉1931年从厦门来到马来西亚从事教育，一直为争取华人权利和华文地位而努力，他建议政府将华语确定为官方语言之一。他的种种努力惹怒了马来政府，1964年被褫夺了公民权，但他依然不屈服，一直到1985年12月18日去世。他的事迹感动了马来西亚华人，因此被尊为“族魂”。现在，每年的12月18日，马来西亚华人都要举行隆重的纪念活动。“林连玉”几乎成了一种信仰，一种精神凝聚力的符号。

荣禧说：“我们华人在拼命地坚守我们的中华文化，因为这是我们的精神血脉，是我们的根文化。如果这个没了，我们就失去了灵魂！”

“教师的幸福源于何处”讲座

早晨去吃早饭，刚进电梯，又进来了两位女士。她们看到我，自然地点头微笑，我赶紧面带笑容回应。她们并不是来听课的老师，而是酒店的其他客人。但这种自然而然的彬彬有礼，再次让我感到有一些意外。

上午，继续讲学，题目为《教师的幸福源于何处》。我从新教育实验讲起，给马来西亚同行介绍了中国蓬勃兴起的“新教育”实验，讲新教育追求“过一种幸福完整的教育生活”，讲新教育所倡导的“六大行动”和“每月一事”，等等。然后我讲了我校老师追求职业幸福的故事，老师们都很感动。

课间休息时，一位叫庄月燕的校长过来和我交流，一说话就流泪了。“我觉得我对不起我学校的一位老师！”她说她学校有一个年轻女教师，因为患上抑郁症不能上班，不得不回家去，可她的父母却不愿让她去看医生。这个老师非常信任庄校长，常常在网络上和她倾诉内心的想法。庄校长非常自责，觉得自己没办法帮她。我说："这位老师这种情况，已经属于病，需要的是科学治疗，而不是简单的爱所能解决的。你已经尽责了，关键是要说服她的爸爸妈妈正视女儿的病情，让女儿去就医。"

讲座结束后，主持人郑玉表老师说："李校长在来马来西亚之前发表在博客上的最后一篇文章是《让中国教育感动马来西亚》，我想问大家看了感动吗？"

老师们说："感动！"然后便是热烈的掌声。

↓会场一角

一位女教师站起来走到话筒前，向我表达了感谢和敬意。我说："我才要向你们表示敬意！这次到马来西亚，我深感马来西亚华人同行比中国的教师更辛苦，你们在华文教育被边缘化的背景下从事着华文教育，平均每个教师33节周课时，令我敬佩！中国不少人不重视汉语教育，而更看重英语。有的年轻人的英文水平甚至胜过中文。在一所大学的研究生宿舍，三个学生要外出，准备给另一个同学留字条说明钥匙放在什么地方，可三个硕士生想了半天，就是想不起钥匙两个字怎么写，最后只好用英文key代替！真是悲哀！你们面临重重困难，坚守着华文教育，的确非常了不起，我向你们表示敬意！"

闭幕式上，主持人要我发表感言。我说："感谢马来西亚同行！我们属于不同的国度，面对不同的学生，也各自面临不尽相同的教育问题，但是我们有一点是相同的，那就是我们都有爱心！我们有教育理想，我们都追求充满人性的教育。我回中国后会想着大家，希望我们彼此都因为对方的存在而感到幸福！我们一定会再见面的，或者是在马来西亚，或者是在中国！"

活动的最后，播放了南京行知小学校长杨瑞清特意从中国发来的致辞，生动的画面伴着真诚的话语，十分感人——

向马来西亚教育同行致敬！

两年前，吉隆坡崇文小学呈现的精彩二十四节令鼓仍在耳边回荡……

爱心教育成果展以及孩子们精彩的表演给我们留下了美好的印象……

爱心计划学校同仁们围绕“还能更精彩”主题所展开的热烈讨论还在心中回旋……

昨日收到张瑞慈督学发来的两张照片，她说，李镇西老师讲得真好，爱心计划学校的校长、老师们学习真投入、真开心。她还说，大家想念你……

我也想念大家，行知小学师生都很想念大家。

去年9月，行知基地工程已全面竣工，原建设中学搬迁进来并更名为行知中学，幼儿园也启用了新校舍，美丽的行知苑里，1200多名农家子弟在幸福地成长。

前天，3月12日，是中国植树节。我们在校园里栽下了数千棵花木、数百棵果树、数十棵参天大树。十年树木，百年树人。我想，马来西亚爱心计划不正是一个伟大的植树工程吗？这次的“还能更精彩”嘉年华不就是马来西亚华教植树节吗？

李镇西校长的武侯学校所在的成都，是三国时期刘备统领的蜀汉都城；而行知小学所在的南京，是孙权大帝统领的吴国都城。1800年前波澜壮阔的历史画卷赋予成都和南京这两座城市丰厚的中华文化底蕴。600多年前，郑和率宝船从南京开出，在马六甲驻足……

成都—南京—马来西亚，历史的天然的缘分让我们今天的相聚成为传奇。马来西亚50所爱心计划学校，加上南京行知、成都武侯，50+2！让我们携手并肩——

走在行知路上，享受爱心教育，经营和谐校园，创造幸福人生。

热烈祝贺马来西亚爱心教育展和爱心课程圆满成功！

衷心感谢成都武侯李镇西校长爱心奉献，激情分享！
深情祝福马来西亚华教界同仁享受爱心，幸福安康！

这几天，我多次和瑞慈聊起杨瑞清。我说："瑞清这么多年一直扎在他那片土地上默默耕耘，如此硕果累累，却依然朴实、谦逊、低调、内敛，他是真正的君子。"

讲完课我正和听课的老师们交流，突然看到陈君宝来了。君宝兄是新加坡行知文教中心的创办人，多年来一直致力于促进华文教育品质的提升和新加坡、马来西亚与中国的华文教育的交流。2010 年 2 月，他曾邀请我前去新加坡讲学。时隔两年，他听说我来马来西亚了，便专程前来看我，让我特别感动。君宝性格温和，为人朴实。虽然比我年轻，但因为头发早就花白，颇具长者风范。

午后，瑞慈开车送我去马六甲。路上，我们再次谈到华文教育的艰难。我说："虽然都是华文教育，但这次我到马来西亚和前次到新加坡感受是不一样的。毕竟新加坡是以华人为主体的国家，华文教育自然受到重视；而在马来西亚华人是少数民族。从某种意义上说，马来西亚的华人比中国人更热爱华文，因为他们有危机感，所以珍视。就像在水源匮乏的地方，人们就特别珍惜水一样。"

下午 4 点多，到达马六甲市，住进敦陈祯禄路上的富礼客栈。敦陈祯禄路是一条百年老街，满街都是中国风格的老房子。走进富礼客栈，中国气派扑面而来，墙上满是国画：美女貂蝉、卷轴山水、水墨葡萄……在总台后面的墙上，是一幅国画，画面上杜甫背着行囊前行，手中还拿着书卷，画上写道："读万卷书，行万里路。"

↓富礼客栈

晚上，刘荣禧督学、瑞慈督学和陈君宝夫妇陪我坐船游览马六甲河。河面不宽，不到百米，

当年郑和的船队正是在这里上岸的。游船来回40分钟，沿途有村屋、游乐场、旧仓库、鱼市场等。夜晚的各色灯光打在水面，河面五光十色，恍若梦境。

上岸后，我们来到一家小吃店，我一看，这不是成都的“串串香”吗？就是把一串串的蔬菜肉块之类放进锅里烫。只是这里串串的味道不如成都。

马六甲一日游

早晨7点多，我一个人出了客栈。因为人很少，百年老街显得格外清静。我慢慢走过这些至今保存依然完好的街道，感到历史的气息扑面而来。街道狭窄，屋宇参差。我注意到很多住房的墙上镶着图案精美的瓷砖，辅首衔环，镶龙嵌凤，表达了早期华人对生活对未来的美好希望，但我也从这些吉祥的图案和文字中感到了一种难以言说的辛酸。

荣禧和瑞慈还有君宝陪我去古城墙，前来陪我的还有一位昨天听了我报告的女校长，很遗憾记不得她的姓名了，但我记得她是马六甲人，在这里长大，只是现在在外地工作。

↓老街上的建筑

路过一座高高的观光塔，荣禧说，这座观光塔本来是新加坡准备投资建造的，但因为当时每周只有两三天有游客就作罢了，后来马六甲把这个创意拿来，建了观光塔。

我们住的街叫敦陈祯禄路，陈祯禄是马华公会第一任总会长。还有一条街叫“吉林街”。我奇怪为什么叫这个名字。荣禧说：“印度人在英国犯了罪，发配到这里时脚上戴着镣铐，走路‘吉林吉林’地响，于是我们便把这条街叫吉林街。这个名字带有看不起和蔑视的味道。”

到了古城墙，荣禧停车，我问停车费多少，他说：“每小时六毛。”我折算了一下，人民币一元二角。真便宜啊！

荣禧指着前面一棵树说：“这就是马六甲树，马六甲就是以这种树的名字命名的。”然后他给我讲了关于马六甲这个地名的传说：“1396年，一位王子来到这里。一次他打猎时在一棵树下休息，他的一条狗追赶一只鼠鹿，鼠鹿走投无路突然转身将狗赶进河里。王子对鼠鹿的勇气印象深刻，决定在他坐的地方建立一个帝国。他就以倚靠休息的这棵树的名字将这里命名为‘马六甲’。”

我们来到古城门。据说在1511年，葡萄牙将军阿布奎带领战舰抵达马

↓我与荣禧在马六甲树前

六甲，并推翻了马六甲王朝。为了巩固葡萄牙人在马六甲的地盘，阿布奎把一座城门建在一座山上。那座城门就是现在我们眼前的古城门。

走过古城门，沿山路往上走，我们看到山上有一处教堂遗址。荣禧告诉我，这是葡萄牙总督阿伯于1511年建立的，是欧洲人在东南亚修建的最古老的教堂。教堂已经不完整了，只剩下四面的高墙，因为历尽沧桑，所以魅力犹存。

瑞慈指着山坡的一大片花说："这是马来西亚的国花，叫大红花，也叫朱槿花。一般有五片花瓣，我们'爱心教育'的标识也是国花，五片花瓣分别代表德智体美群教育。教育学生要热爱国家。"

荣禧指着山下一片房屋说，那里面坐落着郑和的塑像。他说："马六甲是当年郑和经过的地方，他曾以马六甲为大本营，建立城墙、排栅、鼓楼和角楼，并建设仓库储存钱粮百货。为了纪念郑和，我们塑起了他的像。"

离开了古城门，我们来到马六甲培风第三小学。刚进校门，我就看到一个巨大的条幅从楼上垂下，仰面看去："让人们因我的存在而感到幸福！"我一下感到特别亲切。瑞慈说："这所学校的黄翠玲校长昨天才听了你的报告，回来就把你说的那句话写出来了。"

黄翠玲校长出来迎接我，说："这话说得太好了，也很适合我们学校。"

我随黄校长来到一块比较宽阔的空地，她说："每天7:30，我们的学生就在这个坝子上读《论语》。"在一间很大的厅里，我们看到墙上有孔子像，黄校长说，我们的孩子一入学，便到这里来拜师。

黄校长介绍，全校有200多个孩子，20多个老师。每个班20多个学生。另设有启智班，每班6个孩子。

培风三小校园不大，但环境特别优美，背靠三宝山，终年绿树成荫。三宝太监郑和下西洋时曾驻扎于此山，因此得名"三宝山"。

学校旁边是墓地，早期华人死后被葬在这里，这里还有明朝的墓。我说，这些墓地对孩子不会有什么不好的影响吧？黄校长说，不会的，我们正是利用这片墓地对孩子进行生命教育，还有我们华人历史的教育。

荣禧补充说，培风三小到现在还过重阳节。他又说，政府曾经想要铲平这座山，移山填海。但我们不同意，因为这些墓地见证了华人的历史。

↑马六甲培风第三小学

↑学校旁边的墓地

我说："是呀，没有华人就没有马来西亚的发展。"

荣禧说："对！每个市镇都见证了华人的功劳！"

据荣禧说，现在马来西亚的华人学校分布很不均匀。马六甲每方圆10公里就有10所华小，但由于华人人数没有增加，所以造成许多微型学校——学生人数少于150人的学校。但许多地方还没有华校，政府又不同意新建，于是现在采取的办法就是迁校。

黄校长问我："李校长发现我们学校的环境有什么特色？"

我说："绿色很多啊！"

她说："我们这个学校竹子很多。以前长高了，我们还发愁，现在让它自然生长，这样二楼也可以遮阳了。"我一看，果然，到处都是竹叶掩映。

在一间教室，我惊讶地看到一个白板上写着《好大一棵树》的歌词。田震的歌怎么到这儿了？我说："这首歌在20世纪80年代很流行呢！"

黄校长说："我们把这首歌献给老师。每年教师节，孩子们都唱这首歌。"

我问："马来西亚的教师节是什么时候？"

她说："每年5月16日。"

荣禧补充说："但好多华人学校都不承认这个教师节的日子，而以孔子诞辰为教师节。"

我问黄校长学校有几位副校长，她说有4个副校长，我很是吃惊，小小学校居然有4个副校长。她说："因为我们有启智班。"

“什么‘启智班’？”我有些迷惑。

她说：“就是针对智力有些问题的孩子所开设的教学班。”

我一下懂了：“就是有智力障碍。”

黄校长说：“我们不说智障班，而说启智班。”

我说：“我明白，从积极意义上说‘启智’。启智班，启发智慧。”

她说：“实际上是启我们老师的智慧。”

我们来到启智班的教室，我发现这些教室都非常狭小。黄校长说：“这不仅仅是因为他们人少——一个班只有6个孩子，而主要是因为这样可以让孩子精力集中。”

“启智班都开设些什么课程呢？”我问。

黄校长说：“有自理、语文、数学等。这些孩子每天在校4小时，其他孩子是5小时。”

我说：“针对这些孩子的教学方式可能更注重活动吧？”

她点头：“是的，启智班上课很多时候是表演式教学。”她引我到教室外面的墙上看一些图片，图片上启智班的孩子在进行各种活动，十分可爱。

↓启智班一角

我又问："这些孩子小学毕业后怎么办呢？"

"他们毕业后，有机会到相应的中学，不过和一般孩子读5年中学相比，他们读8年中学。"

我们来到自理课教室，在这里，孩子们可以学习一些生活技能，如叠被子，切菜，做简单的饭菜，摆碗筷，等等。

墙上贴着启智班孩子的照片，这些照片都贴在苹果图形里。我发现苹果图形的颜色有区别，便问这有什么特别的含义。黄校长说："不同深浅的颜色代表孩子的成熟度的不同，比如红苹果代表成熟，浅红代表还不太成熟。这样方便让老师了解每个孩子的智力发展程度，同时又不伤害孩子的自尊心。"

荣禧说："政府每个月给这些孩子150元的生活补贴。父母分配遗产时，国家规定还得向这些孩子倾斜。"

培风三小小巧玲珑，给我留下极为深刻的印象。临走时，荣禧蹲在校园边的山坡下捡拾着什么，他说："快来，这里有许多相思豆。"

我蹲下一看，果然，草丛中一颗颗鲜红的豆豆。我从小读古诗就知道"相思豆"，但活了50多年，却从来没见过相思豆，没想到在马来西亚却看到了相思豆！我蹲下来和荣禧一起捡拾。我们一边捡，一边情不自禁地吟诵王维的名诗："红豆生南国，春来发几枝。愿君多采撷，此物最相思。"

我很惭愧地说："我从来没见过红豆。"

荣禧安慰我说："因为'红豆生南国'，你们那里没有嘛！"

告别培风三小时，我问黄校长有没有和国外的学校建立联系，她说还没有。我说："那我就代表中国成都武侯实验中学向马来西亚马六甲培风三小'求婚'吧！"

黄校长说："好啊，好啊！"

大家都笑了。

离开了培风三小，我们来到培风中学。荣禧告诉我："这是一所独立中学。"我问什么叫"独立中学"，他说，当年政府要求华文学校改制时，好多学校都反对，于是便脱离了政府，独立办学。现在全国有独立中学65所，这些学校自己组织全国统一考试。马来西亚政府不承认这些学校的文凭，但中国和其他许多国家都承认。

走进培风中学，迎面而来的是“自力更生”“奋发图强”“多快好省”“力争上游”几个大字。这不是中国某个特定时期的口号吗？但我很快便明白了：作为独立中学，培风中学的生存是很艰难的，所以他们必须“自力更生，奋发图强”。

培风中学现有学生 2150 人，教职工 160 人。该校建于 1913 年，明年便是百年校庆了，现在全校都在筹备校庆，所以我们从墙上看到许多老照片。其中有一张是 10 周年校庆时该校学生的照片。我感慨地说：“照片上这些孩子现在已经都不在了。”

校长不在学校，迎接我们的是一个主任。他向我们介绍，学校的目标是办一所优秀有素质大众化的华文中学。他说，培风中学当初反对改制，成了政府不管的民办中学。学校一年经营费用八九百万，其中五六百万从学费来，其余要去筹集。

因为时间关系，我们在培风中学待的时间不长，但培风中学教学楼上宛如从天而降的几列大字让我印象深刻：“培风儿女有情”“培风儿女有义”“培风儿女有礼”“培风儿女有序”。

↓培风中学

荣禧说："培风中学在全国60多所华语学校中，是办得不错的学校之一，是模范学校。"

在培风中学，我得到一份《华教导报》。该报第一版的标题是"董总各州属会第81次联席会议，呼吁政府承认独中统考，公平对待华小，履行对'国民型中学'的承诺"。

中午，我们来到著名的和记饭店吃饭，这里的特色是"鸡饭粒"，就是把鸡油和在饭粒里，然后把饭粒搓成像乒乓球一样的团子。说实话，我觉得不是特别好吃，但也体验了一下这种特色的吃法。

吃了饭，我们来到青云亭。青云亭外观雄伟庄严，建筑结构极富中国传统的艺术性，古色古香，多姿多彩。不论建筑风格、雕工、图案，都体现了闽南地区的特色。

荣禧告诉我，现在青云亭只用于朝拜，但早期这里是华人的行政机构，华人的生老病死它都管。

晚上，瑞慈和一些校长请我吃晚饭，我再次感受到马来西亚同行的热情。吃完饭，考虑到我明天就要离开马来西亚回国了，但还没有逛过吉隆坡

↓吉隆坡石油双塔

市里，于是瑞慈和她的先生黄先生便驱车陪我逛吉隆坡看夜晚的街景。吉隆坡著名的石油双塔直插苍穹，在夜色中玲珑剔透。瑞慈还陪我进入双塔购买纪念品。

回到酒店房间，从窗户看楼下，闹市区十分热闹，霓虹灯光怪陆离。我觉得意犹未尽，便拿着相机出了酒店，沿着附近几条街闲逛。我所住的酒店地处吉隆坡最繁华的商业区，相当于成都的春熙路，因此各种肤色的行人熙熙攘攘，好不热闹。

离开马来西亚

上午，瑞慈陪我逛云顶高原，她爱人黄先生担任我们的司机。

据说不去云顶高原，就不算来过吉隆坡。云顶高原距离市区 50 多公里，云雾缭绕。走进“蓬莱仙境”，的确令人有身在山中犹如置身云上的感受。仰视苍穹，蓝天如洗，环顾四周，山峦重叠，满目林木苍翠，心旷神怡。

继续往上，来到云顶高原的大型娱乐场，这是一位叫林梧桐的华人修建的。这里有商场、餐饮、儿童乐园等，但最著名的是赌场。瑞慈和黄先生陪我进赌场看了看，果然里面煞是热闹，许多赌客聚精会神地盼望着好运降临。黄先生要我玩一玩，但我一点兴趣都没有。我说：“我实在是不理解

↓云顶高原（局部）

↓云顶赌场

这些赌客的心理！”黄先生说：“就是一个‘贪’字，但贪字多一点就是贫啊！”

我对这里一点兴趣都没有，于是草草走了一圈，我们就下山了。

路上我们又聊起了华人和华文教育。我问瑞慈：“一直有个疑问不方便问，这里我就直说了吧。我一直不明白你们对中国的感情。我想，你们的文化之根在中国，你们的家族离开中国也不过几十年，现在在中国还有你们许多的亲人，你们又这么热爱中华文化，可是你们现在是马来西亚人，那么，你们对中国究竟是什么感情？比如，现在一想到中国，你们是什么感受？”

瑞慈不假思索，坦然而真诚地说：“中国就像我们的亲戚。”

她说她是福建人，她家是从爷爷那一代漂洋过海来到这里的。现在她还经常回福建看亲戚。我再次想到，早期为生活所迫的华人是怀着怎样的希望来到这里，忍辱负重打拼着，本来都是想要回去的，所谓“衣锦还乡”，可是由于种种原因，终于没能回去，而成了马来西亚人。

中午，瑞慈特地把我带到路边的一个小店，她说这个店不起眼，但菜很好吃。果然这顿饭味道不错，鱼特别好吃。只是我不习惯用叉子，特意让服务员给我一双筷子。在马来西亚，我发现这里都不用筷子的，而且也不用碗，米饭都是盛在盘子里，我很不习惯。

我又聊到马来西亚教师的待遇。瑞慈说还不错，她在教育部工作，属于公务员，现在的月薪相当于人民币 16000 元，如果退休，将保留 60%，同时保留公费医疗。

我问：“公费医疗意味着什么呢？”

她说：“所有的医疗费用全部给报销，包括子女和父母的。”

我吃了一惊：“有这样的好事？其他老师呢？”

她说：“一样的。因为在马来西亚，教师属于公务员，因此教师享有公务员的一切福利，子女父母都享有公费医疗，看病的费用全部报销。而且教师培训也是全部免费，包括来回的交通费。这次全国各地来听你讲座的老师的费用，都是免费的，他们来回的交通费都不用自己掏腰包。”

我问：“那么在马来西亚，教师职业是不是很受尊敬呢？”

她说：“不不，很多人还是不愿当教师。”

吃了午饭，他们陪我去买纪念品，然后送我去机场。想到几天的马来西亚之旅就要结束，真还舍不得这些马来西亚同行。这里，我觉得有必要为几位特别重要的马来西亚朋友写几句——

张瑞慈，马来西亚教育部副部长魏家祥的特别助理，这次活动的组织者。以中国人的眼光看，她也算是“部领导”了，但她的真诚、亲切，让我感受到她的善良。几天来，她一直陪着我，在酒店、商店等需要与人交往的时候，她便是我的翻译。和她聊教育，能够感受到她对中华文化发自内心的热爱与忧虑。她没有一点点官员的气息，有的是纯粹的教育情怀。这次活动她忙上忙下，把女儿和先生都动员来帮忙。她的女儿帮着做活动需要的幻灯片，爱人帮忙做会务杂事，还包括陪同我。

说到瑞慈的先生，他真是一个非常伟岸英俊的男人，性格温和、内敛，但不乏幽默感。那天他说他是 1963 年生人，我大吃一惊，说：“我还以为你是 1973 年的呢！”他哈哈大笑。他全力支持妻子的工作，让瑞慈特别欣慰和幸福。经过几天的陪伴，我只知道他姓黄，居然连他名字都不知道，临别时我说：“你是活雷锋啊，做了好事不留名，但我还是要你留个名。”瑞慈哈哈大笑，给我说他名叫“肇平”。

郑玉表，中学华文教师，吉隆坡州华语教师联谊会主席。我做报告时，她担任我的主持人。玉表给我的印象是特别纯真，特别善良。她显然在我来马来西亚之前就读过我的文字，包括读我的博客，对我非常尊敬。和她聊天，发现她特别关注中国文学。她和我聊杜甫和苏东坡的诗词，聊余华的小说《活着》《许三观卖血记》《兄弟》，聊曾经喜欢的余秋雨，还聊韩寒、龙应台等作家。那天她特别心疼地说：“听说最近把林徽因故居拆了，为什么啊？”

刘荣禧，马六甲市的教育督导，他俨然是一本厚厚的历史书。我游览马六甲市，他全程担任解说，一段又一段的史实，一个又一个的典故，他信手拈来，如数家珍。有时候讲起某些历史，绘声绘色，细节鲜活，简直就像是在说他自己的经历。他来自福建，说起华人地位和华文教育，同样忧心忡忡。他出生于 1957 年，长我一岁。我向他开玩笑：“1957 年世界发生了两件大事，先是刘荣禧诞生了，然后是马来西亚独立！”他哈哈大笑。遗憾的是，我离开马六甲时没能和他告别。今天，我在机场特意把一本《我的教育心》交给瑞慈："这是我赠给荣禧的书，已经签名，请你在合适的时候转交给他。"

和马来西亚的教育同行接触时间不长，但我被他们善良的心地和良好的修养折服。

下午 3 点多，瑞慈和肇平把我送到机场，陪我买了口红、香水、巧克力等带回家的礼物，肇平特别细心地帮我把所有东西都打包封好，办好登机牌和行李托运，然后到处给我找榴梿——那天他听说我没吃过榴梿，几天来一直惦记着这件事，但现在并不是吃榴梿的季节，何况机场哪有榴梿。瑞慈说："我们请你喝咖啡吧！"于是他俩和我坐在了机场的一个咖啡厅，我们

↓我和瑞慈在机场咖啡厅

要了两杯咖啡和一杯饮料——瑞慈因为睡眠不好，并不喝咖啡。香浓的咖啡喝进嘴里，我感到的是瑞慈和肇平的贴心。

到了安检口，我和瑞慈、肇平握手告别："再见！欢迎到成都！"

他俩说："我们会再次邀请你来马来西亚！到了成都，我们肯定会去找你的！"

过了安检，我来到登机口，打开电脑，开始写今天的日记。

18:35，飞机升起，在夜空中向北而翔。

想着这几天在马来西亚的见闻，培训会上马来西亚同行的几句话再次在我的耳畔响起——

我们深信，在爱的黑夜里，中午的阳光依然会亮起。我们也坚信，树够大了，便能够承受风霜；船够大了，便能穿越巨浪。我们更是笃信，虽然我们不能改变潮起潮落，但我们至少可以改变一条被搁浅沙滩垂死鱼儿的命运。

澳大利亚掠影

布兰达与大堡礁

这次澳大利亚之行的第一站，是从成都经香港转道飞凯恩斯。

经过一夜飞行，到达凯恩斯时，正是当地时间6点多。一出机场，满天朝霞是澳大利亚给我们的见面礼。

孤陋寡闻的我，以前只知道“凯恩斯”是一位非常著名的经济学家。现在才知道，“凯恩斯”同时还是澳大利亚一座海港城市的名字。这里有茂密的热带雨林、绵长的海岸线、迷人的海岛和漂亮的珊瑚礁群景观，同时也是前往潜水圣地大堡礁的必经之地。

↓小火车穿行过热带雨林

乘坐古典风格的小火车穿行于热带雨林，真是一次梦幻般的旅程。窄窄的轨道蜿蜒在高山森林中间，小火车哐当哐当地开着，高高的古树和粗粗的藤蔓，在我们眼前快速后退。火车时而穿过密林，时而穿过山谷。窗外有时是古木蔽日，有时是云烟萦绕、山峦起伏，有时是瀑布飞流……当长长的列车转弯的时候，我探头往前看，绿色的串串车厢在崇山峻岭间画出一道长长的弧线，极富曲线美。

到达布兰达小镇后，我们看到大片大片的森林，一时搞不清自己是置身于森林中的小镇还是小镇中的森林。布兰达小镇旁有一条巴伦河，这是一条迷人的森林之河。河水如镜子一般平滑明澈，两岸是原始的热带雨林，浓稠的绿色，如刚刚画好的油画。我们坐在游船上，仿佛身在画中。水中的野鸭和鱼儿互相嬉戏，和谐相处。船夫还不时给我们介绍岸边的珍奇水鸟、鳄鱼和乌龟。下船后，我们行走在岸边的森林中，笔直的巨树撑开遮天蔽日的枝叶，仰望树梢，从枝叶间的缝隙看出去，天空被切成碎片，化为蓝色的星星。

第二天，我们乘车来到道格拉斯港，然后乘坐直升机前往著名景点大堡礁。第一次坐直升机，完全没有我想象的颠簸，而是非常平稳、舒适，感觉非常好。从空中俯瞰大海、森林、山峦以及原野上的别墅，都像是沙盘上的模型。大海一望无际，完全与天空合二为一。浅蓝色的海面上，遍布一片片不规则的深绿色图形，那就是珊瑚礁。此刻我眼中的大海宛如一张巨大的地图。

↓俯瞰珊瑚礁

40分钟后，我们在大海中的一个平台着陆了，然后乘坐小船来到一艘大轮船。在这里，有许多娱乐项目，比如浮潜和深潜——穿戴上潜水衣、潜水面镜、呼吸管、脚蹼等“行头”，在海下游动行走，近距离观看水中珊瑚、海鱼、海龟等各种海洋生物。我是坐在一艘半潜艇中“潜”入海中的。尽管隔着玻璃窗，但感觉自己真的来到了海底，一座座鲜艳的珊瑚礁触手可及，还有一群群色彩斑斓的鱼儿在身边游过，时不时还有巨大的海龟漂游着……

小时候看童话书，常常对“水晶宫”神往不已。此刻，我就置身于美丽的水晶宫里。

从日出到落日

早晨看日出，是在澳大利亚最东端的拜伦湾，那里有号称世界最美的灯塔，也是观日出的最佳地点。从我所在酒店到灯塔有3公里多，还要爬山，所以今晨我和女儿5点一过就出发了。路上完全没有我们事先想象的许多起早看日出的人们，只有我俩在路上匆匆行走。40分钟后我们到达灯塔。哇，东方海平线上已经绯红。观日出的人不多，都静静等候着那辉煌的一刻。

渐渐地——也好像是突然地，天边薄薄的云层出现了金边，我以为是云层把太阳遮住了，没想到云层下的海面很快就出现了一点金红，并且不断扩大。出来了，出来了，朝阳如同一枚金色的鹅蛋黄往上跳跃，几乎是一瞬

↓在拜伦湾观看日出

↑在达麦夸里港邂逅日落

间，便跃出了海平面。阳光斜射在海面上，海面晃荡着金色的碎波。和黄金海岸的日出相比，这里的天空没有茶花朵朵般的彩霞，只有一个金色的球体耀眼夺目。天地之间无比辽阔，无比辉煌。

上午告别拜伦湾，驱车450公里，于傍晚到达麦夸里港。在酒店放下行李，我们来到海边。真没有想到，我们会在这里邂逅一场壮丽的日落。

天空布满云朵，厚厚的云层下沿透出金光，显然是阳光穿破了云层。我相信太阳一定会挣脱云层的束缚，壮丽的日落即将登场。果然，几分钟后，西边的天空光芒四射，冲破云层的太阳正在缓缓下沉，将自己最后的余晖慷慨地洒向大地，海面、草坪、棕榈树……全都镀上了一层薄金。

天色渐渐暗了下来，鸟儿在布满彩霞的空中翻飞。四周树上的各种鸟儿开始赛歌，一片美妙的叽叽喳喳……

天蓝蓝，海蓝蓝

在澳大利亚，每天都有新的惊喜，比如大堡礁的美丽珊瑚，布兰达的热带雨林，拜伦湾的辉煌日出，麦夸里港的壮丽日落……而始终有一种色彩陪伴着我——蓝色。

↑湖水之蓝

↑天空之蓝

“蓝天”这个词我读小学时就知道了。“蓝天”就是“蓝色的天”，我当然看过蓝天，只要是晴天，天当然是蓝天了，虽然天并不是特别蓝，但我想，夸张嘛，还能当真？于是我把我见过的蓝天就当作“蓝天”了。这次到了澳大利亚，无论在都市还是在乡村或是在海滨，“蓝天”都震撼了我，我也第一次知道，原来“蓝天”的“蓝”是这样的！深邃、浓稠、神秘，同时又有点水晶球的透明。

以蓝天为背景，我们可以创造出许多同样震撼人心的艺术品。比如，密布天空的云彩，便是春天漫山遍野的花朵；拔地而起的高楼大厦，便是耸入九天的雕塑；一架架驶过的飞机，便是划过天空的帆船；古树枯枝，便是写在蓝天的苍劲诗篇。有时候，蓝天上什么都没有，我便恍惚觉得有一片蓝色的海洋倒扣在上面，随时都会倾泻而下。

说到“蓝色的海洋”，对于生长于内地的我来说，小时候只是在电影、电视剧中看过，长大后也去过国内的大海，但海水之蓝，这次在澳大利亚才算是真正领略了。那天在黄金海岸，从窗口看出去，远方一片深蓝，我就惊呆了：那就是海水呀？都说“海天一色”，其实还是海水更蓝一些。在观景台上，我俯瞰大海，目光所及海天交界处，上面的天空是蔚蓝的，下面的海水是深蓝的，蔚蓝和深蓝交界处是一条笔直的线。

今天早晨在麦夸里港，静静的海面如绸缎一样平滑温润，甚至有些慵懒地躺在蓝天之下，被刚刚升起的太阳抚摸着。我把这张照片发给在美国的一位朋友，他惊叹：“希腊蓝！”我回复：“不懂，我没见过‘希腊蓝’，但我想起了小时候用过的红岩牌蓝墨水，就这么个蓝。”其实，我还想到了九寨沟的五彩池，那水也如同打翻了的蓝墨水。只不过，九寨沟的五彩池，只有一小潭水，而且还在逐年减少。而眼前的大海辽阔无边，一望无际，让人感到整个世界都成了蓝色，甚至自己都被染成蓝色的了。

↑大海之蓝

绿色

人类是从森林中“走出来”的，但现在森林却越来越少。

在澳大利亚，森林覆盖面之广，超出我的想象。这里不仅有广袤的草坪，还有大片大片的森林。这些森林不在远离闹市的地方，而是就在海边，就在都市，就在窗前……

在库兰达热带雨林穿行，一棵棵遮天蔽日的参天古树耸入云天，阳光透过缝隙细细碎碎地泄漏下来，在林间地面印上斑驳的光影。从缆车上俯瞰，下面是莽莽苍苍的原始森林，如同绿色的棉花，一团团簇拥着，层层叠叠，又如翻腾着的绿色的巨浪。

↓森林之绿

在蓝山公园，行走在幽静的森林中，仰面望去，枝叶间漏出点点天空的纯色，蓝绿相间，偶尔还有逆光闪烁，随着我的脚步

在林间跳跃，真是别有一番情趣和韵味。

有森林，当然就有鸟儿，它们自由自在地在林间穿梭鸣叫，给静谧的森林增添了美妙的音乐。一阵风吹过，每一片树叶都在歌唱，整个林间发出宏大而和谐的乐声，那一刻我感到，森林就是一个巨大的竖琴。

飞翔

城市里看到鸟，还是小时候的记忆。那时我和所有小男孩一样，梦寐以求的是得到一把弹弓。那时城里的树林不少，课余时几个小伙伴一起拿着弹弓就去打麻雀了。当时老师告诉我们，麻雀是“四害”之一，必须消灭。射杀既好玩，又能除害，于是对我来说，这是一件很开心的事。只是到后来，不但麻雀不见了，其他鸟儿也很少见，要见鸟儿得去动物园。生态破坏如此之甚，年少愚昧的我有一份不可推卸的责任。

这次到了澳大利亚，几乎到处都是鸟儿，上下翻飞，叽叽喳喳。在林中，看得见和看不见的各种叫不出名字的鸟儿在纵情歌唱，突然蹿出一两只或一群呼啦啦地冲向蓝天。在海边，大片大片的海鸥在海面从容地盘旋，在海天之间画出优美的弧线，然后悠闲地散落于沙滩上，慵懒地站着。在闹市，鸟儿也自由地飞翔于街巷楼宇之间，从人们的肩上或头顶，甚至耳边悠然划过，然后消失在高远的蓝天之中。

↓舞动的鸟儿

我特别喜欢凝视飞鸟，我认为飞翔的姿势非常迷人——不仅仅是迷人，而且令人振奋。

在悉尼歌剧院前的岸边，一大群海鸥于夕阳西下的时候，在空中和水面恣意地翻飞。或在深蓝色的空中做各种造型，如一位舞蹈艺术家，以蓝天为幕布展示着优雅的舞姿；或是在高高的天空奋力振翅，似乎要跃出天外；或是突然斜斜地俯冲下来，敏捷而准确地停留在树梢，看着来来往往的人们；或从远处缓缓飞近，然后贴着水面滑行。当它们从夕阳前闪过的时候，便在我的镜头里留下矫健而潇洒的剪影……当海鸥向我扑面飞来，然后从我眼前突然冲向空中的时候，我举起手机仰拍它们，情不自禁地有了飞翔的欲望。

就飞翔而言，人类显然不及鸟儿。但人类飞翔的愿望却通过智慧化作了热气球、飞机和宇宙飞船。人类能够想多远，就能够到达多远——无论是物理空间，还是思想空间。想象力便是人类飞翔的翅膀。

规则与信任

这次在澳大利亚，我们大多数时候是自驾游——女儿开车。从布里斯班租车，一路开到悉尼，中途住了几夜。原以为澳大利亚的道路是靠左行，车的驾驶座靠右，会很不习惯。但稍微开一会儿便习惯了，而且感觉比国内开车还轻松方便，因为大家都很守规则。我不敢说所有司机都守规矩，但至少那几天我没有看到任何车抢红灯或随意变道，更无人超速，也没有人按喇叭——据说在澳大利亚开车，按喇叭是最没有教养的行为，对人很不尊重。因为大家都守规则，无论在市区，还是在高速公路上，开车都是一件很容易的事。

在商场或机场里，只要在电动扶梯上，所有人都一律靠左站着，空出右边作为应急道；在马路上，只要司机看到行人有过马路的趋势，一般都会停下来，让行人先过……这样的现象，让我分不清是规则还是习惯在起作用，也许二者相辅相成。

人与人之间彼此的信任，也时不时让我有一种意外的温馨。在租车行取车时，我们用手机把车的前后左右都照了个遍，免得以后“扯不清”。到了目的地，我们以为会“验车”，结果人家看都不看，就让我们走了。虽然我知道，如果他们发现车有损伤会在我们的信用卡里扣除相关费用，但你根本不用担心人家会冤枉你，会讹你——不会的，这是一个诚信社会。

在悉尼，我把酒店房卡弄丢了。如果在国内，结账时至少得扣点工本费，但这里人家对你微微一笑，表示没关系，居然就“放”我们走了。对澳大利亚所有酒店的客人来说，说到结账，仅仅就是到总台交房卡而已，从来没有“查房”一说。

大学同学给我说了一件她亲历的事。她买了一个电饭煲，用了大半年后发现有问题，因为还在一年保修期内，她便去找商家维修。按国内的惯例，保修得有发票之类，她却找不到了，但她还是抱着试试的心情拿着电饭煲找到了商家。商家看了看电饭煲，说给你换个新的吧。还说，这个款式的电饭煲已经降价了，去年卖 75 澳元一个，现在只卖 50 澳元了，便退了我同学 20 澳元。

说起在澳大利亚遇到的这些暖心的人和事，我的同学说：“这些我其实不愿意给更多人说，或许是作为一个中国人的自尊……”

古屋老街

和中国一样，澳大利亚的大城市同样高楼林立，但街道明显要狭窄许多，因此哪怕艳阳高照，街面也很难阳光普照。街道狭窄的原因很简单，每条街都是一段古老的遗迹，基本保留了原本的面貌。最早街道有多宽，现在的街道就只有那么宽。

走在大街上，一拐弯，或一抬头，会突然撞见一座古老教堂，或是门窗精美的百年老屋，或是一截有着明显年代感的矮墙，或是一段凹凸不平的路面……它们无声地诉说着历史。

↓珍贵的历史建筑

有时候，在低矮老房子的旁边就是一座摩天大厦，豪华商场隔壁便是一间很有怀旧味道的咖啡店……这一切丝毫不让人感觉别扭，相反增加了城市的文化厚度，或生活情趣。

现代时尚与古典气息就这样和谐而自然地融合在一座城市中。

这些老街古屋是怎么保留下来的呢？不是因为政府单方面的“高瞻远瞩”，而是由于民众的抗争与政府的妥协。1973 年，在石岩区的石区广场，当地居民、文物保护者、社会活动家和商会成员在这里与警察发生冲突，抗议者为了保护当地家庭世世代代生活的街道和建筑，用身体挡住了正在推倒老建筑的推土机。正是有了这场“保卫战”，1975 年，新南威尔士州政府终于顺从大多数人的意见，宣布卡希尔高速公路以北的所有现存历史建筑将被保留，受政府保护并得到修复。于是，如今到悉尼旅游的人便多了一个怀旧的景点。

雅拉河

早晨起来准备晨练，出了酒店往哪儿跑呢？我没多想，随便沿着一条大街朝前跑。

跑着跑着，居然看到了一排气势宏伟的米黄色古建筑，这就是著名的墨尔本中央火车站。这座散发着浓郁的英国古典气息的巴洛克式建筑，已有百余年的历史，其巨大的圆顶已成了墨尔本的标志性建筑。中央火车站对面，有一座古典建筑——著名的圣保罗大教堂。高耸的塔尖直插入晨曦初露的天幕，格外庄严。

火车站和教堂附近有一条百米宽的河——雅拉河。天还没亮，河水无声地流淌着，河面倒映着两岸高楼的灯光，朦朦胧胧，摇摇晃晃，特别梦幻。

↓雅拉河

一只只划艇轻盈地掠过，上面坐着一列划船者，他们健美的身姿在晨光中显出矫健的剪影。一轮残月，挂在天幕上，如一只明亮的眼睛，默默注视

着人间。我沿着雅拉河晨练，仿佛置身于梦境。

跑着跑着，天渐渐亮了。东方喷射出金红色的光焰，一轮朝阳猝不及防地在岸边的树梢燃烧起来。河边的晨练者也越来越多，男女老少都有。

叽叽喳喳的鸟叫也开始了，沿河的树上都站满了鸟儿，它们唱着，叫着，争吵着，忽而又冷不丁地呼啦啦四下散去，飞上云天，在空中写下只有它们才能读懂的诗句。

于是，一座城市苏醒了。

悉尼歌剧院

很长一段时间里，在我的心目中，悉尼歌剧院就是澳大利亚的另一个名字。小时候，我甚至一度以为悉尼是澳大利亚的首都。毫无疑问，悉尼歌剧院风格独特，的确称得上是澳大利亚的标志性建筑。

历时 5 天，我们经过黄金海岸、拜伦湾、麦夸里港、史蒂芬港，从布里斯班驱车抵达悉尼。到悉尼后，第一件事是找了一家“水井坊”吃川菜，然后直奔悉尼港。

↓悉尼歌剧院与悉尼大桥

尽管早就从照片上非常熟悉悉尼歌剧院的造型了，但我远远地看到它时，还是非常震撼。碧空如洗，微微晃动的海面上静静地躺着三组巨大的贝壳，这便是坐落在悉尼港湾的悉尼歌剧院。它三面临水，视野开阔，与同样著名壮观的悉尼大桥遥相呼应。

悉尼歌剧院由丹麦建筑师约恩·乌松设计，于1959年3月开始动工，至1973年10月20日正式竣工交付使用，共耗时14年。2003年4月，约恩·乌松先生因悉尼歌剧院获普利兹克建筑奖。令人遗憾的是，这位设计大师在他生前都没能够亲眼看过自己的杰作，但他留下的悉尼歌剧院却成了一座不朽的丰碑。曾有人为悉尼歌剧院写了一出歌剧，名字是“世界第八奇景”。

如织的游人和活泼的海鸥，给悉尼歌剧院增添了生命的活力。近处，一只只——不，应该是一群群海鸥，毫不怯生地在游人身旁或肩上嬉戏，有两只海鸥居然一直环绕着我翻飞，最后停在我面前的栏杆上。远处，它们或贴着海面舞蹈，或向高空冲刺，当它们掠过歌剧院顶端时，雄伟的贝壳群似乎都有生命的动感。

第二天早晨，我去晨练。从酒店一路小跑，20分钟到达悉尼歌剧院。太阳刚刚从海面升起，半轮月亮高挂空中，一只海鸥正迎着阳光飞舞。无数道金色的光芒笼罩着歌剧院，逆光中，悉尼歌剧院金碧辉煌。一群群晨跑的男男女女，冲进逆光中，一个个光圈便跳动起来。

太阳渐渐升高了，我来到歌剧院对面的一处高地，远距离回望。沐浴着阳光的悉尼大桥和悉尼歌剧院，在蓝色的海面上犹如一幅油画。巨大的白色壳片群似乎漂浮在水面上，如一簇簇刚刚盛开的睡莲；近处高大的树木被风吹动，枝叶婆娑，那遥指蓝天的贝壳便像是海上被风吹满的船帆，悉尼歌剧院如一艘巨轮，正向着太阳缓缓行进……

大洋路

大洋路位于墨尔本西部，全长276公里，在悬崖绝壁中开凿而成，沿途景色奇异绝美。建造这条路的人有很多是参加过第一次世界大战的老兵。

↑奥特维角灯塔

↑十二使徒岩

大洋路之行，对我来说，是一串串惊叹号。天气预报是阴天，可今天一出门却是蓝天白云，阳光如昨天一样灿烂。从墨尔本驱车前往十二使徒岩景点，两百多公里的沿海公路，一路上都是令人叫绝的美景：时而是海浪从天边滚滚翻卷而来，拍打着海岸，撞击着岩石，巨大的轰鸣在天地间回荡；时而又见莽莽苍苍的原始森林，巨树参天，笔直或曲折的枝干，在天幕下诉说着昨天的故事；时而是舒缓起伏的山坡绿地，成群牛羊悠闲地在吃草，一座座积木式的农舍点缀其间；还有海鸥和各种我叫不出名字的鸟儿，在天空飞翔……

午后，到达奥特维角灯塔时，天已经阴下来了。我们来到灯塔前，天灰蒙蒙的。但不可思议的是，当我们登上灯塔顶端时，乌云散开，蓝天重现，阳光普照，眼前是一片明亮而开阔的海景。

当我们离开灯塔时，天又阴了下来。我们继续前行，天色越来越暗，到达著名的景点十二使徒岩时，下起了蒙蒙细雨。但奇迹再次发生了——当我们来到海边，落日的余晖居然穿透云层洒了下来，照在十二使徒岩的礁石上，海面上也倒映着美丽的夕阳……真是太让我们惊喜了！

芬芳微笑

在澳大利亚旅游期间，和大学同学相见。大家聊起教育，我说，其实教育最根本的还是老师要有爱心。我这位大学同学很是赞同，并说起她女儿读中学时一次车祸后老师的爱心表现。

她说，女儿车祸住院期间，老师几乎每天都到医院来看她女儿，而且总是跪在床前和她女儿聊天，请老师坐，老师坚决不坐。这位老师的家离医院很远，又不会开车，可她每天都坐地铁到医院来，让我这位同学特别感动。同学女儿住院 3 个月，学校的每个学生每天早晨都举行祈祷，祈愿她的女儿转危为安，早日康复，校报几乎每天都向全校同学报道女儿的身体情况。

同学的女儿出车祸时，是附近的一位老人最先发现的，老人马上打了急救电话，10 分钟之内，直升机就将孩子送到了医院。我同学非常感动，本想亲自登门感谢老人，没想到第二天老人买了东西来医院看孩子。孩子住院期间，老人每周五都骑自行车过来看望孩子。

在医院讨论对孩子的治疗方案时，我这位同学的爱人提出要见医院的权威专家。这位权威专家是一名参加过二战的战地医生，曾参与过许多名人的救治。他到中国北京讲学时，上海有的医疗专家专门坐飞机去听他的讲座。“就这么一个很有名很厉害的医生，在我们提出请求的 10 分钟后就来了，而且是一路小跑来，还给我们道歉说来晚了。这在国内是不可想象的，除非有特殊的关系。”老同学说起这事，感慨不已。

在澳大利亚半个多月，我没有直接接触当地人的经历。但我还是感受到了人与人之间的温情。比如，晨跑路上，不断有迎面而来的晨跑者问我“morning”；还有在电梯里面，或在大街上，当我无意中和某位陌生人的目光相遇，对方总会给我一个微笑。如果在国内，你会对一位陌生人微笑吗？当然，我相信，澳大利亚也有坏人，也有没有教养的人，比如在里约奥运会上，霍顿对孙杨就表现得很没教养。但总体上说，绝大多数澳大利亚人，都把别人（包括不了解的陌生人）假设为好人，是可以信任的人，而不是把别人假定为坏人加强防范，所以才有那么多来自路人的芬芳微笑。

当时我对同学说，你女儿的老师那么有爱心，应该被评为“最美教师”，包括那位给医院打急救电话的老人，都应该被媒体争相报道。可我同学说，在澳大利亚人们都觉得这些行为很自然很正常。

新西兰风光 ·······

奥克兰

2017年7月18日凌晨3点多，我从成都双流机场起飞。13个多小时之后，飞机于当地时间晚上8点多在新西兰滨海城市奥克兰着陆。

13个多小时的飞行是漫长的，但有了《舍我其谁：胡适》第一部《璞玉成壁，1891—1817》相伴，时间不知不觉就过去了。读完这本厚达652页的巨著，对胡适的了解增进了许多。书中有两段话让我想到了自己。

1930年胡适在给杨杏佛的信中写道："我受了十余年的骂，从来不怨恨骂我的人。有时他们骂得不中肯，我反替他们着急。有时他们骂得太过火了，反损骂者自己的人格，我更替他们不安。如果骂我而使骂者有益，便是我间接于他有恩了，我自然很情愿挨骂。如果有人说，吃胡适一块肉可以延寿一年半年，我也情愿自己割下来送他，并且祝福他。"

这么多年来，我也挨骂，却没有胡适这样的胸襟，看来得学学。

胡适在《四十自述》中，谈到自己母亲是"和气的榜样"时，这样写道："世间最可厌恶的事，莫如一张生气的脸；世间最下流的事，莫如把生气的脸摆给人看，这比打骂还难受。"

我就经常有"一张生气的脸"，而且还"摆给人看"，看来我既"最可厌恶"，又"最下流"，以后尽量避免。

读完这本关于胡适的传记，还有3个小时才着陆，我打开电脑开始写文章《话说"一线教师"》，刚写完初稿，空姐便说飞机即将降落，请关闭电脑。正好。

坐大巴进市区，入住城市生活（CITY LIFE）酒店。因为时差，今天醒来，已经是早晨7点多——北京时间也就3点多。撩开窗帘，哇，美丽的朝霞已经在高楼之间绽放。刚走到阳台，阳光便刺透云层，穿过楼间隙，洒到刚刚醒来的城市上。

在中国，许多省都有一座城市的名气大过其省会城市，比如大连之于沈阳，桂林之于南宁，青岛之于济南。许多国家还会出现这种情况，首都的名气还不如另一座城市，比如华盛顿之于纽约，堪培拉之于悉尼，还有惠灵顿之于奥克兰——是的，我想到新西兰首先想到的是奥克兰而不是惠灵顿。

早晨的奥克兰洁净而宁静。一只只鸽子在窄窄的街巷中低低地徘徊飞翔，与人那么近，那么亲。古典的门窗，哥特式的屋顶……我们仿佛置身于一座古老的城市。

但走进奥克兰美术馆，我就被“现代”得晕头转向。许多作品我完全看不懂，有的是色彩的堆积，或看似杂乱无章的构图，但凝视几秒钟，似乎某种意象浮现在眼前。有一层展厅全是古典艺术作品，一幅幅油画，一尊尊雕塑，让我感觉走进了卢浮宫。那尊汉白玉的仿《米洛斯的维纳斯》雕塑，创作于1812年，肌肤纹理，栩栩如生。

中午的奥克兰港，一只只海鸥在白云蓝天之间优雅地跳舞；片片白云在追逐，在嬉戏，在燃烧；波光粼粼的海面倒映着白云的倩影，一幅幅印象派画作诞生了——我取名为“鸟在燃烧，云在飞翔”。

下午，在去伊甸山的路上，已经西下的太阳将依然明亮的光透过枝叶的缝隙洒落下来，光怪陆离，色彩斑斓。站在伊甸山上，阳光下的奥克兰一览无余：脚下的绿草，崖边的大树，大树下一对对遥望远方的情侣，由近及远鳞次栉比的房屋，隐隐约约的街道，还有逆光中拔地而起直指蓝天的电视塔，远方的大海，以及海天之间的白云……

晚上，我的学生骆娜和她的先生来接我去吃饭。骆娜来奥克兰大学攻读博士学位。饭桌上，大家都感叹时间过得快。1997年9月我接手骆娜所在的班，而今一算，时间过去整整20年了。骆娜回忆起的往事，好多我都忘记了。

↑奥克兰港

她说当时我给他们读路遥的《平凡的世界》，后来她中学毕业后又重新读过。她还记得我带他们背上10公斤重的背包徒步旅行，走进油菜花地，走进太平寺机场，做游戏，放风筝，斗鸡，等等。我说："嗯，是的。我的历届学生对我印象最深的，就是我最爱给学生读小说，最爱带学生出去玩。"

她还记得当时班级的"无监督考试"，骆娜很自豪地对她先生说："我们进校刚半年，李老师就在我们班实行无监督考试，他很信任我们。"

她还记得有一次他们几个同学跑步不认真，中途溜到厕所藏起来，我罚他们跑10圈。她说："当时你对我们说，你们做得不对，是因为我没有教育好你们，我有责任，所以我和你们一起罚跑。我们当时都很感动，说李老师您别跑了，我们自己跑，但您不同意，硬是和我们一起跑了10圈。"这件事我真的忘记了。

骆娜还记得，当时无论歌咏比赛还是体育运动会，我班的成绩都是数一数二的……

↑我与学生骆娜（右）

骆娜还记得，我去西安学习要离开他们时，全班同学都舍不得我，临走前的一堂课上，好多同学都哭了。

我说，我还记得中考前，你们成绩前20名的同学，每天晚上下了自习课都要留下来给成绩后20名的同学一对一地补习功课。这件事我开始不知道，是数学方老师告诉我的。我当时非常感动。骆娜说："那是胡夏融和崔涛组织的，我们都很乐意！"

教书时间长了，走到哪里都有学生，不光是国内，在世界许多国家——美国、法国、德国、新加坡、新西兰……这也许就是做老师的欣慰吧！

怀托摩溶洞

这几天好多朋友在朋友圈里都晒各自在国外旅游的照片：俄罗斯、法国、德国、美国、西班牙、意大利……我想到去年我在澳大利亚旅游，在网上发表感想，不少网友还颇有微词，说我炫富。而今年，许多年轻教师也出国旅游。好像大家都在炫富，其实也就不存在"炫富"了。当然由于种种原因，教师待遇的地区差异还比较大，现在并不是所有老师都能够轻易出国旅游。但愿有一天，每一位中国教师都能够有经济实力环游世界——这也是我们的"中国梦"。去年因为国内发大水，也有人批评我"不顾民间疾苦，只顾游山玩水"云云；还因为伦敦奥运会上某澳大利亚运动员批评孙杨"服用禁药作弊"，而我刚好在照片说明中写了几句赞美澳大利亚风景的话，于是又有人说我"不爱国"了。我真是无语！但愿今年国内别再发大水，也没有新西兰的某个人说中国的不是。不然，我又该成"人民公敌"了。

其实我认为自己还是很有正义感的。比如在奥克兰，有朋友建议我去激流岛看看“顾城故居”，我回复：“不去！喜欢他的诗，不喜欢他这个人！”我说的是实话，顾城的诗我一直喜欢，这种喜欢不仅仅是因为其文字美意境美，还因为他的诗里有我的精神世界。比如“黑夜给了我黑色的眼睛，我却用它寻找光明”，这简直就是我这个年龄的人刚过去的整整10年的心路历程。但被称作“童话诗人”的他，后来竟然丧心病狂，杀妻自尽，一点都不“童话”，我无法认同这样的“罪犯”——是的，他就是罪犯。尽管有不少人从心理学、从“诗人特有的精神”去为他辩护，认为他是“诗人的杀人”，但他依然是杀人犯。我没有理由去看这么一个杀人犯的“故居”。

早晨，在阴雨绵绵中，我们驾车告别了奥克兰。不久雨就停了，天空一直阴沉，但在车内看窗外的景色，依然赏心悦目。公路蜿蜒而绵长，两边的山坡高高低低，起起伏伏，形成一片片宽阔而富有曲线美的缓坡绿地。孤零零的大树，积木一般的农舍，黑色的牛群，白色的羊群，还有远方的山脉，以及吻着山巅的厚厚云层……目之所及的视野内，满是不断变换的油画。

我们来到怀托摩溶洞，这是一个钟乳石溶洞。本来我对这里的景观不抱多大期望，因为这样的洞我在国内见多了。尽管如此，进去之后的所见，还不如我的低预期。国内溶洞里千姿百态的钟乳石上，都打着五颜六色的灯光，给人梦幻一般的感觉，而这里除了照明的光，没有任何装饰的光。所以就少了许多我想象中的魔幻感。但据说他们是有意不弄灯光效果的，因为他们不想过度“打造”景点，只希望尽可能保持自然原生态。我想也有道理，就好比我在国内看到的是浓妆艳抹的贵妇，而这里是素面朝天的村姑。

其实，怀托摩溶洞的独特之处在其萤火虫，所以它也叫“萤火虫洞”。萤火虫洞去年我在澳大利亚也见过——在伸手不见五指的洞里，仰面看洞顶岩壁上星星点点的光亮，虽然稀奇，但也就那么一点点。我想这里也差不多吧。去年在澳大利亚的溶洞里，游客是可以对萤火虫拍照的，但这里绝对不许拍照。

进了有萤火虫的洞穴，导游指着洞顶让我们看，我看那粒粒可数的光点和去年在澳大利亚的洞里看到的也差不多，没引起我多大的兴趣。再往里走，是一条暗河。导游请我们上船，并嘱咐我们不要发出任何声音，以免惊动萤火虫。导游用手撑着钟乳石，船慢慢往里面滑行，所有光亮都没有了，一片寂静，只能听见彼此的呼吸和船行水面的微弱水声。

洞壁上开始闪烁了，出现了一团团光斑，渐渐的是一大片一大片。我非常惊讶，忍不住但终于还是忍住了惊叹——我想其他游人也和我一样。抬头看，太壮观了，晶莹透亮的萤火虫布满了顶部岩壁，好像一个水晶苍穹。看久了，又像漏光的屋顶，我们看到的不是萤火虫的光亮，而是透过屋顶缝隙夜幕上的星光。渐渐地，幻觉出现了，我感到自己就置身于星空之下，整个宇宙银河灿烂，如诗如画，如梦如幻。

离开了怀托摩溶洞，我们自驾两个多小时后，来到罗托鲁阿市，这是新西兰北岛中北部的一座工业城市。进入市区时已经是傍晚，正下着大雨，所以看什么都朦胧不清。我们开车来到湖边，大雨中，湖边的海鸥悠然地在草坪上转悠，湖面的黑天鹅也镇定地在水面漂浮着，不惊不诧，从容不迫。

晚上，我们找了一家川菜馆。虽然离家才两天，但好像很久没吃川菜了——其实昨天骆娜才请我吃了川菜，但川菜对我来说是“一日不见，如隔三秋”。老板是重庆人，我们没说几句话，他便说：“你们是成都人！”我们吞咽着泉涌般的口水，点了一份口水鸡、一份回锅肉、一份酸菜粉丝汤、一碗牛肉酸辣粉和一碗担担面。味道真的很正宗，尤其是花椒的麻味儿，好久没这么爽了！

↓川菜馆

怀欧塔普地热公园

昨晚一直在下雨，睡觉前看了天气预报，结果令人沮丧：连续一周天天大雨。我只好安慰自己：现在国内多热呀，这里正是冬天，就算什么风景都没看到，至少可以避暑嘛！

后半夜没听到雨声了。早晨起来拉开窗帘，哇，湛蓝的天空！天空还有金色的云团——分明是朝霞嘛！

我来到大街上，空气被昨夜的雨水洗过，无比清新。小树、叶尖、草坪，房顶……色彩格外醒目。四周一片宁静，偶尔有一辆车驰过。抬头看天，白色的云、黄色的云、金色的云，如一团团彩色棉花，互相拉扯着，不，是互相追逐着，在天空中嬉戏。

昨天傍晚去过的湖边，到处都湿漉漉的，一群海鸥还在湖边，好像昨晚它们根本没有离开过这里。见到我们到来，依然不惊不诧，悠闲地踱着碎步，或振翅而跃，身影渐渐与天空融为一体。

↓罗托鲁阿政府花园

旁边不远处，是罗托鲁阿政府花园。宽阔的草坪、整齐的玫瑰园、以蓝天做背景的网状树枝、红顶英式风格的市政厅建筑、倒映着市政厅大楼的人工湖……从每一个角度看过去，都是一张刚刚印制好的明信片。

天气条件其实并不稳定，在我们前往怀欧塔普地热公园的路上，又开始下雨了，有一段时间雨还特别大，车前的挡风玻璃完全被雨瀑遮住。我们艰难地前行，好在不一会儿雨便渐渐减小了。我从蒙着雨水的侧窗看出去，由近及远，都是一幅幅刚刚完成的现代派油画，朦朦胧胧。

空气中开始弥漫着硫黄味儿，这意味着我们到了地热公园。尽管我已经去过腾冲的火山地质公园“热海大滚锅”，但怀欧塔普地热公园还是让我震撼。腾冲的地热温泉也不错，但形态似乎不如这里多样化。怀欧塔普地热公园到处点缀着令人兴奋的泥浆池、间歇喷泉和硫黄池，而且色彩丰富。整个地热火山坑处在森林、小溪和山峦之间。公园中的25个火山坑，听名字就令人遐想：彩虹火山坑、魔鬼的墨水瓶、画家的调色板、新娘面纱瀑布、煎锅平地、魔鬼的浴室……

行走在景区，如同置身仙境。雨已经完全停了，太阳出来了，送来了清晰绚丽的双彩虹；地热蒸腾，蓝天下的森林披上一层层白色的面纱；热雾往上，与蓝天的白云相接，所谓“天衣无缝”；太阳的逆光穿透参天巨树的枝叶缝，直射下来，水面泛着金光；碧绿的小池，小池中的怪石奇峰，怪石上的苔藓，奇峰上的小树和小树上的虬枝，宛若巨大的盆景……

告别地热公园，天阴了下来，等我们开到陶波市陶波湖畔时，太阳又出

↓怀欧塔普地热公园

来了。据资料介绍，陶波湖是新西兰最大的湖泊，这里曾经是一座巨大的炽热的火山。最近一次喷发是公元181年，巨大的喷发能量足够改变当地整片天空。陶波湖湖面很宽，面积600多平方公里，差不多相当于新加坡的国土面积了。

我太喜欢鸟类了，无论是成都的白鹭，还是这里的海鸥，还有漂浮在湖面的飞鸟。冬日的阳光下，一群海鸥安详地蹲在湖边的沙滩草坪上，让我想到了杜甫"沙暖睡鸳鸯"的诗句。湖边，有两只海鸥在戏水，或者是一对情侣在调情。突然，从远方悠悠飞来一只海鸥，唤起了这一群同伴飞翔的欲望，于是，好几只海鸥掀起了翅膀，缓缓离地向湖面飞去。它们先低低地掠过湖面，留下碎碎的水花，然后优雅地迎着太阳冲上蓝天，在水天之间画出一道优雅的弧线。

那是无声的诗……

↓陶波湖上的鸟儿

惠灵顿

早晨7点多，我们在细雨中自驾南行，目标惠灵顿，行程300多公里，需要4个小时左右。

窗外阴沉沉的，路边偶尔有积雪掠过，我心里一惊，没反应过来。再继续前行，居然看到了不远处的雪山。我意识到，越往南气候将越寒冷，迎接我们的很可能是冰天雪地。

打开电脑，修改打磨文稿《话说“一线教师”》。这是我在成都飞往奥克兰的航班上完成的初稿，7000余字。最近我一直都在想这个问题。因为想得比较透彻，所以无论初稿还是修改，写起来都很顺畅，基本上不用冥思苦想，只需把平时的想法倾泻在键盘上就是了。

修改完文章，我拿出邵燕祥的《闭门日札》继续读。对于想从中找到具体的“学科知识”和“教学技巧”的教师，这本书显然是“无用”的；但作为一个理应拥有广阔人文视野的教师，不应该只读“专业”的书，还应该读一些非教育类的书：哲学的、政治的、历史的、经济的……包括像邵燕祥先生《闭门日札》这样“不伦不类”的“杂书”。

巧得很，刚读完合上书，蓝天出现了。厚厚的阴云，好像硬是被谁活生生扯开了一个豁口，蓝天便从那豁口显现了出来。窗外越来越明亮，阳光穿透了阴云，前方居然隐隐约约升起了彩虹，虽然在车里看去一闪而过，但心里已经很欣慰了。因为蓝天也好，彩虹也罢，都是意外的收获，我没想到还有意外的惊喜等着我们。

车拐过一个山边的弯道，眼前极为明亮开阔，无边的大海正用排排翻卷的巨浪迎着我们。波澜壮阔的海面，如一本正被不断翻动书页的书，哗哗作响。排浪从天边从容不迫地卷滚过来，一直涌到我们眼前，拍打着岸边的礁石，溅起的浪花飞向空中。所谓“惊涛拍岸，卷起千堆雪”。

中午12:30左右，我们抵达惠灵顿。车开到指定停车场，我们正在想如何与租车公司联系交车。结果一辆车开过来停在我们面前——正是租车公司前来接车的员工。我惊讶无比，他们怎么知道我们到了，而且开到这里？估计是车上有卫星定位系统，或者停车场有监控摄像。交车手续非常简便，或者说根本就没有什么手续，我们把行李从车上取下来，把钥匙交给他，然后走人。我预想中查看车是否刮擦损坏的环节都没有，就这么简单。

也许是冬天的缘故吧，虽然今天是周六，但惠灵顿街上十分冷清，来往行人很少，车也不多，商店门口的人稍微多一些。别看是冬天，街上居然还有美女穿着飘逸的夏装。我还看到一对手牵手的情侣，男的竟然穿着短裤，打着赤脚！

作为新西兰的首都，惠灵顿远没有我们想象中的繁华，别说和中国的北京、上海相比，就和成都比起来也差远了。城市建筑总体上也一般，街道狭窄，一点大都市的气派都没有。

但惠灵顿也有其独具魅力的建筑，那就是著名的新西兰国会大厦建筑群。

我们从酒店出来，刚拐过一个弯，便看到一幢乳黄色的四层大楼，整座建筑看似由石头砌成，稳重而坚固。走近一块说明牌，我们才知道这是著名的旧政府大楼，是国会大厦建筑群中最著名的建筑之一。让我惊讶的是，这座看上去用石头砌成的大楼，其实是纯木质的，是南半球规模最大的木结构建筑。我张大眼睛看了看，不像啊！我走近大楼，仔细观看其外墙，终于看出是木制的了。真是神奇！

旧政府大楼外观宏伟，走进去后还会看到宽敞的楼梯、铸铁壁炉和贝壳杉制造的内部装潢设施。它是新西兰建筑文化遗产中浓墨重彩的一笔。据介绍，与上个世纪许多殖民建筑一样，旧政府大楼也以意大利的石宫殿为蓝

↓新西兰旧政府大楼

本，力求展现不断扩张的帝国的强大和稳固。大楼在建设过程中将新西兰最上乘的本土木材——贝壳杉巧妙地运用到室内装潢中，由于新西兰现有的贝壳杉已成为保育类植物，所以此举在建筑界堪称前无古人后无来者。

和旧政府大楼仅隔一条小街，便是新西兰国会大厦。大厦于1876年修建，蜂窝式的外形别具特色。140多年过去了，它被公认为是南太平洋最宏伟的木结构建筑之一，也已经成为新西兰的标志性建筑之一。

和旧政府大楼一样，国会大厦的四层也是全木结构建筑，内部采用了有效的防强地震设计，以适应新西兰多地震特点。

天依旧阴沉，但雄伟的国会大厦圆形楼顶上的新西兰国旗依然迎风招展。国会大厦广场上有座塑像，人物形象高大，气概坚毅豪迈。这就是理查德·塞登，他于1893—1906年期间任新西兰总理长达13年，是新西兰历史上任职时间最长的政府总理。他最伟大的政绩是于1893年推动通过了有关立法，使新西兰成为世界上第一个给予妇女选举权的国家。这个我倒是第一次听说，因此对他有了几分敬意。

↑新西兰国会大厦

离开国会大厦建筑群，我们乘坐缆车登上了位于惠灵顿市区西南部的维多利亚山，这是市区内最高的山峰。上去时，狂风正烈，几乎要把人吹倒，但我还是迎着狂风站在了最高处，俯瞰远眺整个惠灵顿市，以及环状的天然良港——尼科尔森港。

下山后，我们去海边看了看，那里冷清得很。经过惠灵顿城市与海洋博物馆，门口告示标明闭馆时间是下午5点，我们一看时间是4:30，还可以转半个小时，便进去了。馆内有许多图片和实物，还有利用现代科技的声像手段，展示惠灵顿的社会、文化以及海事历史。因为时间紧，走马观花一圈便出来了。

夜宿公园酒店（PARK HOTEL）。明天将乘船去南岛，电视新闻里说南岛最近多暴雨，但愿我们能一切顺利。

驶向皮克顿港湾

一串串清脆的“咕噜”声，在惠灵顿空旷的大街上回荡，打破了早晨的宁静。

这是行李箱的滑轮在地上划过的声音。我们正匆匆朝火车站走去，然后坐接驳车前往邮轮。已经是当地时间早晨7点多，天已经亮了，但惠灵顿还在沉睡。今天，我们将越过库克海峡抵达南岛的皮克顿。

东方居然出现了一抹红色的朝霞，于是整个天空似乎都红润了起来。几只早起的鹰在空中盘旋，舒展着腰肢，翅膀上似乎闪烁着彩霞的光芒。想到昨天的阴云，我对这抹着朝霞的晴空有点不快：都要走了，你出来了，早干啥去了？转念又想，也许惠灵顿的天空也感到对不住我们，有些过意不去，

↓告别惠灵顿的朝霞

↑邮轮上的旅客

在我们临走的时候，特意红着脸出来向我们道歉，并告别。

果然，彩霞和我们告别后，很快将自己藏匿起来。惠灵顿的天空又阴了，但没下雨，就是我们的幸运了。我们很顺利地登上了从惠灵顿到皮克顿的渡轮。这是一艘巨型邮轮，从上到下总共八层。各种休闲、娱乐、餐饮设施应有尽有，游客也很多。有趣的是大家穿着各异，多数身着厚厚的冬装，但甲板上居然还站着赤腿的美少女。

我们走进船舱找了一个靠窗的位置坐下。阴云下的大海，静谧而神秘。不一会儿，天边的云层似乎有点亮色，渐渐地，好像云层里有人正打着手电筒往海里探照。那是一种我喜欢的壮丽景象：看不见太阳，但阳光呈放射状刺破云层，既在云水间留下扇形的亮晶晶的屏，又在海面洒下片片碎银，那碎银还微微晃荡着。

随着巨轮的缓缓前行，我感到船体的晃荡。想起一句歌词："海浪把战舰轻轻地摇……"想想也是，看起来如巨无霸一般的邮轮，在无垠的大海上也不过是一片漂浮的树叶。我走出舱室，看到船上许多行走的游客都东倒西歪，有的互相搀扶，有的干脆就地躺下，而我却如履平地，一点晕船的感觉都没有。这可能得益于"特异功能"——无论在万米高空的飞机上，还是在蜿蜒山路的小车里，我都能读书、写作，丝毫不受影响，从来不知道什么叫头晕。

来到甲板上，磅礴的景象震撼了我——无边的大海正风起云涌。说不清那神秘的力量从何而来，整个海面被搅得波澜壮阔。空中战云密布，海面两军对垒。无数个浪峰摩肩接踵，激荡起伏，由远及近，挟风而来。如千军万马，臣服于我，待命出征。海浪掠过，拍打着礁石，又反弹至空中，再摔回礁石，发出巨大的哀鸣。逼向船舷的排排群浪，激烈撞击之后，形成硕大无比而又晶莹透明的网，呼啸着投向海面，似乎要把一切都一网打尽。群浪跌入海中后，便无影无踪；于是，重新集结，汇成巨浪，再次向轮船发起冲锋……执着循环，周而复始。

太阳出来了，整个海面一片金光，海浪们接受检阅，受到鼓舞，更加意气风发，汹涌澎湃。阳光下的排排巨浪，如百花绽放，千帆竞发，万马奔腾……欢呼着，歌唱着，舒展着，跳跃着，和谐有序而豪情万丈，活泼优雅又壮怀激烈。雄姿英发，这是一支训练有素的仪仗队；气势如虹，这是一支箭在弦上的主力军。

行驶在宽阔的大海中，轮船驶入南岛的一组群岛，穿行于小岛之间。这时候，大海平静了，海面如绸缎一般光滑，阳光洒落下来，刚才的排排巨浪，现在成了粼粼波光。如果刚才是气势磅礴的《命运》，那么现在则是深情婉约的《小夜曲》。激情亢奋后的大海，沉入了静谧的温柔。

↓临近皮克顿港湾

越来越靠近皮克顿港湾，航路越来越狭窄，小岛又呈现出另一种秀丽的风光。翡翠般的水面，点缀着座座天然盆景，盆景上峰峦叠翠，青翠欲滴，倒影荡漾，顾盼生辉。我很自然地想到了郦道元的《水经注》中对三峡的描写："素湍绿潭，回清倒影，绝巘多生怪柏，悬泉瀑布，飞漱其间，清荣峻茂，良多趣味。"一只只海鸥掠过，将湿润的绿色带向远方。

上岸后，我们租了一辆越野车，目标是300多公里外的格雷茅斯市。刚告别壮阔的大海，便马上进入了大山的怀抱。昨天做好了承受暴雨袭击的思想准备，没想到今天的天气如此晴好。蓝天深邃，白云耀眼，阳光明丽，山川如洗。

车行山中，两边是陡峭的山峰，上面露出狭长的蓝天，阳光间或从密密的枝叶间洒落下来。我感觉置身于湘西山区。一会儿，地势平坦些了，两边是宽阔的草坪，草坪上有大片大片白色的羊儿，或是一群群黑色的奶牛，在悠闲地吃草。它们的身后，是一幢幢木板农舍，红色或白色的三角形屋顶在太阳下闪光。远处是红色的山坡——不知山坡是披着阳光才是红色的，还是本身就是红土。山坡之巅是低垂着亲吻大地的白云。我又感觉自己行驶在川西高原上。

渐渐地，天色暗下来了，山腰披上了朦朦胧胧的白色雾岚。仰望天空，刚才还是白色的云团，现在染上了夕阳的光，呈现出各种颜色：粉色的、紫色的、黄色的、橙色的、金色的……形状也千姿百态：或是片片鱼鳞，或是朵朵鲜花，或是熊熊烈火，或是淡淡腮晕……路边的棵棵大树一闪而过，它们的枯枝划过天上云彩的一瞬间，布满天空的枯枝顿时挂满了棉花……

↓树上的"棉花"

最激动人心的，无疑是落日。其实，我并没有看到真正的或者说

↑落日

完整的落日，但掩映夕阳的厚厚云彩，却格外壮丽。西边的天空上，布满大片大片五颜六色的彩霞，宛如浓墨重彩的水墨画。夕阳的金光刺破厚厚的云彩，形成一个“洞口”，强劲的余晖便倾泻而出，形成美丽的放射性光柱，整个天空便燃烧起来……

抵达格雷茅斯市时，天已经完全黑了。仰望夜幕，星汉灿烂。

普纳凯基千层薄饼岩与马瑟森湖

昨晚的星汉灿烂并没有带来今天的艳阳高照。早晨推门一看，天空正下着小雨。

出门旅游就做好了各种天气都会有的思想准备，何况昨天我们已经意外收获了晴朗。我们兴致不减，继续驱车向千层薄饼岩景点进发。

公路两边，依然是满目绿色的草坪。因为下着雨，草坪的绿色格外湿润而醒目，如厚厚的地毯铺在那里，一簇或几簇鲜花点缀其中；间或会有一两处清亮的水洼，倒映着朦胧而缤纷的景色；偶尔有一棵苍劲的大树孤独地屹立在草坪中，高傲地看着来往的行人和车辆。草坪上散落着几只或者一大群白色的羊或黑色的牛，它们默不作声，低头吃草，淡定而从容，全然不顾淅淅沥沥的小雨，和来往的车辆。它们的身后，是白墙红顶的木板农舍，如童话中的积木小屋，呈现在朦朦胧胧的画面上。只有那房顶的铝制烟囱冒出的袅袅青烟，提醒我这不是童话，而是普通真实的生活。

几天来，这种景色看多了，我忍不住想，为什么我们看到的每一片草坪都修剪得那么美丽？为什么草坪边缘的低矮木栅栏都那么整齐？为什么草坪上每一幢木屋都那么小巧别致？为什么这一切都搭配得和谐而恰到好处？为什么每一家农舍周围都那么干净、整洁，像是随时准备迎接游客的“农家乐”？

答案其实很简单：土地精心布置。就像把自己的家收拾得美观而整洁，不是很自然的事吗？房屋、绿地、牛羊、牧场……这是他们神圣不可侵犯的私人财产，当然要建设好，维护好，必要时还得捍卫好。

车行海边，一侧是葱茏的山坡，一侧是无边的大海。尽管阴云密布，下着小雨，但从灰蒙蒙的天边席卷而来的海浪，依然气势磅礴。和昨天库克海峡的海浪相比，今天的浪更加威猛，只是在这阴冷的天气里，多了几分悲壮。我想起范仲淹《岳阳楼记》中的句子：“淫雨霏霏，连月不开，阴风怒号，浊浪排空；日星隐曜，山岳潜形……”平日天晴的时候来到海边，看到壮丽的奇景，我总是认为那是为我们这些游人展示的“旅游景点”，其实这

↓海边一景

↑千层薄饼岩

是我的自作多情。无论晴空万里，还是阴云密布，或是风雨交加，海浪和海岸以及礁石，都玩着同样的游戏：追逐、拍打、撞击、败退、进攻……日复一日，不知疲倦。

车行约 50 公里，我们来到著名的普纳凯基千层薄饼岩。虽然下着雨，但奇特的景观让我们震撼不已。巨大的礁石由一层一层薄薄的片状岩石重叠堆砌而成，看上去像是谁遗落于此的饼干，一重一重地摞成巍巍高塔。这是岩石经过海水不断冲击腐蚀所形成的自然景观。座座石塔屹立海中，彼此之间的空隙，或岩石底部的凹槽，便成为吞吐海水的洞穴。阵阵海浪进进出出，发出低沉而磅礴的呐喊，回声将这呐喊不断重复，如同大合唱中的二部轮唱或三部轮唱。我想起苏轼《石钟山记》中的描写："微风鼓浪，水石相搏，声如洪钟。"雨渐渐停了，远方的云层露出了些许阳光，海面顿时亮了许多。

我站在一块巨大的千层薄饼岩前，看着墨绿色的海浪一次次拍打着它，激起的碎浪冲向空中，又散落下来顺着岩石流淌，形成的涓涓细流恰如秀丽瀑布；然后，水花又开始积蓄，准备着再次拍打岩石，再次激荡在空中，再次散落成细流——如是者二，如是者三，如是者四……以至无穷。我突然意识到，那冲向岩石的浪花就是撒娇的妻子，而沉默屹立的岩石则是她宽厚并乐于享受妻子任性撒娇的丈夫。

路过两个湖泊，我们短暂停车拍照。两个湖的水质都非常清澈，岸边浅处可见湖底，碎石粒粒可数；湖中如墨绿宝石，水面如镜，清晰地映照着湖边的森林，和笼罩着森林的似有若无的薄雾。一直下着的小雨，温柔地亲吻着湖面，涟漪星星点点。静谧、寂寞，“养在深闺人未识”。

天一直阴沉着，小雨断断续续地下着。窗外的景色朦胧而迷离。不过和晴天相比，没有阳光的大自然多了一个同样迷人的景象：雾岚。在阴沉沉的天幕下，洁白的雾岚算得上是天地之间最美丽最温柔的景致了。它们或浓或淡，或起或伏，牵扯着，嬉戏着，飘逸着，变幻着——给树梢系上手绢，给山腰盖上棉被，给湖水蒙上面纱，给屋顶戴上冬帽……尤其那缠绕在起伏山峦墨绿植被上的雾岚，你稍微凝视一小会儿，就会感到奇妙无穷、其乐无穷——半透明的如婚纱一般的雾岚，笼罩在森林之上，随山形而变幻多姿。慢慢地，或许是微风吹拂，雾岚因此升腾着，越来越薄，渐渐化为白兔、熊猫、蝴蝶、羔羊等，在森林之上舞蹈着——如同电影画面的慢动作那样缓缓地舞着舞着，或者彻底分离为几块棉花，或者重新合成为一床厚厚的棉被，在山林间慢慢飘逸。雾岚，让每一个注视着它的人都成为童话作家，或诗人。

按计划，午后的目标是马瑟森湖，这也是今天的重头戏。马瑟森湖位于福克斯冰川附近，据说在晴朗无云的日子，湖面上会映出新西兰的最高峰奥拉基山的倒影。但今天这鬼天气，“倒影”之类的就别想了。

↓林间雾岚

我们把车停在了马瑟森湖附近的一个生活服务区，准备步行前往湖区。但雨越下越大，我们不得不走进一家店，吃点东西，等雨停了再走。我从窗户看出去，雨中的草地上，居然有一群奶牛在悠闲地吃草。细雨、草坪、水洼、奶牛、远山……还真有点意境。看这雨没有停的迹象，我们降低了要求：只要雨稍微小一些，我们就出发。其实，现实逼着我们不断对天气降低要求：先是最好出太阳；再是就算没太阳，那也应该是阴天吧，不下雨就行；后来连不下雨的阴天也不能保证，那就等我们到达景区时雨能够停就行了；可是连这个可怜的愿望都化作了泡影，那雨就稍微小一些，行吗？老天爷！

时间已经3点半，从服务区走到湖边得半个小时，来回得一个小时，这样一算时间，玩了马瑟森湖回到预订的民宿最快也得5点多，那时天都黑了。不行，马上出发。我没带伞，好在防寒服带有帽子，帽子戴在头上，算是穿了一件雨衣。我们穿过生长着芮木泪柏和卡希卡提亚树的原始森林，的确"原始"，眼前的一切仿佛从没被人惊动过：厚厚的苔藓、淙淙的溪水、疯狂升腾的藤蔓、自然枯死的树干，还有各种我根本叫不出名字的植物，都在这里各得其所。雨水打在树叶上，再滴滴答答地落下来，敲在我的头上，很有力度。

↓疯狂升腾的藤蔓

眼前湿漉漉的绿色，倒也别有情趣。由于雨水充沛，溪水奔涌跳跃得格外欢快活泼，涌到陡峭的岩石上，或涌到阔叶、苔藓上再流淌下去，便形成了细细的瀑布。我忍不住脱口吟道："山色空蒙雨亦奇。"其实我这样说至少有一半是为了自我安慰，毕竟我还是盼望"晴方好"，但现在这雨势，我只能这样安慰自己了。

透过树林的空隙，隐约看到了湖，右拐的小路把我们引到一个伸入湖中的码头——马瑟森湖终于呈现眼前。可是雨更加猛烈了。据说，在风和日丽的日子里，马瑟森湖湖面如同一面镜子，湖面可以倒映覆盖着冰雪的山峦。其实也不仅仅是“据说”，刚才在小店里面买的明信片上的马瑟森湖，真的是湖光山色，明媚动人。可现在，这面“镜子”上不但没有什么雪山倒影，反而有许多密密麻麻的小皱纹——无数雨滴如箭一般射向湖面，光滑的镜子上便有了无数个微小的坑洼。如同一个美人本来光滑如玉的脸蛋，多了许多麻子。但我还是安慰自己：“山色空蒙雨亦奇，山色空蒙雨亦奇，雨亦奇，雨亦奇，雨亦奇……”这么想着，眼前的景物真的别有一番朦胧的韵味呢！

时间不早了，往回撤吧，带回去几张马瑟森湖的明信片，也算有一个纪念。虽然只是明信片，但毕竟是在马瑟森湖附近买的，意义还是不一样。这么想着，终于决定回去了，但内心深处似乎有些不甘；想着要离去，腿却迈不开。感觉雨似乎稍微小一些了，是心理作用吧？嗯？不对，仔细一看，雨真的小了一些了。那就再等等吧，万一雨停了呢？几分钟过后，雨真的停了，而且——太不可思议了——厚厚的云层中，居然露出了一小块蓝天，蓝天越来越大，阳光漏了下来，湖边的山峰也渐渐现出了闪烁着光芒的顶峰——那是雪峰啊！整个天地彻底阳光灿烂了。

我不知道怎么描绘眼前的奇景。夕阳的光芒正穿过云层斜斜地洒在湖面上，湖面真的如镜子一般光滑。由于刚刚下了雨，被洗过的镜面更加一尘不染，晶莹如初，湖岸及空中的一切都倒映其上。因为有了这面巨大的镜子，眼前的所有景物都是“一式两份”：两份湖畔森林、两份水边植物、两份雪峰、两份白云、两份蓝天。那天真蓝啊，倒映湖中，看上去整个湖水至少一大半被蓝墨水染蓝了，还有一小半是白云，和白云亲吻着的雪峰……湖边几束还挂着雨滴的枝叶，羞答答地伸向湖中，曲折柔曼的影子便在湖面微微摇曳着。

我茅塞顿开：原来“山色空蒙雨亦奇”的“奇”，不只是指雨中的奇景，更是指雨后愈加奇妙的景色——苏轼这句诗中“雨亦奇”三个字我今天才算是彻底读懂了。

真不想走了，但不得不走。回去的路上，同样还是那片原始森林，但林

↑雨后的马瑟森湖

间却比我们来的时候多了一抹金色的光，树梢间多了一片湛蓝的天空。走出森林，宽阔的草地上那片片水洼，如同散落草丛中的碎镜片，每一块碎片上都映着远方的雪山。雪峰之上，但见晚霞飞翔，“山花”烂漫，整个天空都在对着我笑……

还需要去买明信片吗？当然不需要了，我们拍的每一张照片，都是精美的明信片。

弗朗兹·约瑟夫冰川与瓦纳卡湖之行

早晨起来，第一件事当然是看天气。开门一看，昨天傍晚的“山花”居然还绽放在天上，感觉它们一夜都没有离去，只是从西边跑到东边了。雪山昂起了晶莹的头颅，在蓝天衬映下雄姿英发；刚刚升起的太阳，用柔和的光给它抹上一层薄薄的金粉，白云在其腰间弥漫着。

说好的“连日暴雨”呢？又是一个意外的惊喜。这得有多好的人品才能赚来这样的好运啊！

今天我们要征服的是弗朗兹·约瑟夫冰川。这个冰川是由奥地利探险家

↑清晨雪山

朱利叶斯·万·哈斯特于1865年用奥地利国王的名字命名的，用以纪念奥匈帝国的君主弗朗兹·约瑟夫一世。冰川在毛利语中的意思是“雪崩女孩的眼泪”。传说，一个毛利女孩的爱人在登山时遭遇雪崩遇难，女孩汹涌的眼泪变成了这座冰川。我觉得还是毛利语的名称更凄婉富有诗意，但现在这个冰川已经更名为“弗朗兹·约瑟夫”了，没办法，这就是强势文化的力量和霸道。

游览冰川有两种方式可供选择：徒步走到观景处，或乘坐直升机在冰川上降落。我们毫不犹豫地选择了后者。

当直升机离开地面的那一瞬间，我感觉自己像飞了起来。大地上的森林、河流、山脉、房屋……渐渐远离自己，越来越小，地上的人群成了蚂蚁。直升机越飞越高，我感觉自己正渐渐融入蓝天。

远远看去，以蓝天为背景，冰川如一位戴着银铸的王冠的巨人，几块轻盈的云团如白色的手绢将王冠擦拭得银光闪闪。这位巨人自信、沉默而威严。

我俯瞰下方，两个冰山之间有一条凝固的冰河。冰河的“水位”很高，充盈着谷间。长长的冰河一直从云端流淌下来，蜿蜒曲折。我想到这冰川的

↑行走在雪山上

毛利语名称，这可能就是“雪崩女孩的眼泪”的由来吧，真是泪流成河啊！但这“巨河”并不是一整块硕大无比的冰，而是裂成了无数个碎块，每一个碎块都很大，如同排排巨浪，整条河因此显得波涛汹涌，气势磅礴。这些冰块又像是全副武装的士兵。他们或集结成队，势如破竹，向山下冲锋；或屹立于蓝天之下，接受太阳的检阅。

直升机在山顶停下，我打开舱门，伸出的脚却不知往哪里“着陆”，因为下面全是厚厚的积雪，根本就没有我想象中的“着陆点”。我一脚踩到雪上，整个小腿便被厚雪吞没了。环顾四周，除了头顶的蓝天和白云，便是刺眼的冰雪世界。近处的一整座山，都被冰雪覆盖，如同一个巨人穿着洁白的风衣；稍远处的山坡上，积雪之间夹杂着一些裸露的岩石，像一幅幅岩画，又如一座座雕塑。抬头仰望，我第一次离蓝天这么近，我感觉自己真的到了另外一个星球。我拔起腿来，深深的脚印非常醒目。我无厘头地想起一句著名的话：“月球一小步，人类一大步。”

直升机返程了，掠过如洗的蓝天，穿过朦胧的云雾，越过巍峨的雪山，飞过无边的森林，跃过闪烁的湖泊……我扑向大地的怀抱。

继续前行，目标瓦纳卡湖。下了一阵小雨后，云层散开了，阳光射了下来。蓝天、白云、森林、草坪、农舍、牛羊……从窗外一闪而过。有一段路是沿着海岸的，阳光下的阵阵海浪前仆后继地从天边滚滚而来，拍打着海滩，翡翠般的巨浪化作四下飞溅的泡沫状的细碎浪花，每一朵飞舞的浪花都闪烁着太阳的光芒。一轮一轮的排浪，发出震天的轰鸣，好似海上在举行永不谢幕的万人大合唱，歌声雄浑，气势磅礴，回声久远。

路途中去了一次公路边的卫生间，值得一说的是它环境的整洁和设备的齐全：整个卫生间最多五六平方米，狭小的空间却十分干净；只有一个坐便器，可手纸、一次性坐垫纸、洗手池、洗手液、烘干机……一应俱全，均完好无损。我不由得感慨，一个路边不起眼且很少有人“光顾”的卫生间，都被打扫得这么仔细。至少在这个细节上，中国输给了新西兰。想想在国内，除了家里、机场候机厅和有些单位里的洗手间干净整洁、设备完好外，大街上的卫生间往往不卫生，设备更是不敢恭维了，手纸盒里面十有八九都是没有纸的，烘干机更是形同虚设……算了，不说了。国人的文明素质的确有待提高，当然首先包括我。

4点多，太阳西下。我看到前面一大片蓝色的水域，如绸缎一般，在阳光下颤动着细细的波纹——瓦纳卡湖到了。如果说马瑟森湖是一面光滑的镜子，那么瓦纳卡湖就是一片深蓝的墨水；如果说马瑟森湖是养在深闺的羞涩少女，那么瓦纳卡湖就是长于都市的高贵夫人；如果说马瑟森湖是笔墨淡雅的素描，那么瓦纳卡湖就是色彩浓重的油画；如果说马瑟森湖是一场简洁而不失高雅的乡村演出，那么瓦纳卡湖就是一台豪华且万众瞩目的央视春节联欢晚会——当然，新西兰没有春节联欢晚会，我这不过是一个比喻。总之，马瑟森湖是文静婉约的小家碧玉，瓦纳卡湖是活泼奔放的都市丽人。

还是要说说湖水的蓝——蓝得那么不真实。是蓝天掉了一块在这儿就化成了水吧？是哪位画家在这里写生时不小心打翻了深蓝色的颜料瓶吧？按理说，湖水应该是倒映着蓝天，才呈现出蓝色的；但我却毫无逻辑地感觉到，分明是湖水把天空染蓝的。蓝色的湖水摇晃着颤动着，亲吻着湖岸，卷起的微浪却是白色的，于是弯弯的湖岸呈现出白花花的曲线，恰如瓦纳卡湖这位贵妇人戴了一条洁白的珍珠项链。湖边一排排不知名的大树——看树形有点像柳树，下垂的枝条上还挂着黄色的残叶，湖边的这一簇簇黄枯叶，与蓝色的湖水相映成趣，在这严寒的冬天，为深蓝的湖水增添了几分暖色。

湖边是大片大片的海鸥——应该是海鸥吧，我怕说错了，所以不敢肯定，姑且叫它们“海鸥”吧。有一大群海鸥悠闲地蹲在湖边的沙地上打盹儿；还有几十只海鸥在高处的石头上静静地伫立着，注视着湖面；最夺人眼

↑瓦纳卡湖

球的是在空中或悠闲划过，或激情翱翔的海鸥。我特别喜欢看飞翔的鸟儿，无论是雄鹰、海鸥，还是普通的鸟儿，只要它们跃上天空，整个世界仿佛便有了灵气，看见鸟儿飞翔的人——至少是我——便精神一振。此刻的海鸥正在瓦纳卡湖上跳着空中芭蕾：或是从湖面一跃而起，直冲云天；或是从遥远的天际悠悠飘来，直抵湖岸；或是对对情侣在水天之间翩翩起舞，眉目传情；或是一群小伙伴肆无忌惮地嬉笑，一直追逐到天边，躲进云彩里……

天上的云彩，静静地俯瞰着湖面，也俯瞰着大地，与荡漾的湖面、喧闹的海鸥形成对比。夕阳在湖边缓缓下沉，光线越来越柔，也越来越淡，白云便成了彩云，如金黄的花朵，大大方方地绽放在天上。夕阳还未沉入湖中，便被厚厚的彩云包裹起来，但阳光依然冲破云层，于是，那厚厚的彩云便燃烧起来……

天色完全黑了下来，喧闹消失了，四周一片宁静。只有缓缓升起的一轮弯月，含情脉脉地注视着湖面。我赶紧回酒店去拿三脚架准备拍月亮，可当我支好三脚架时，那一轮细细的弯月已经被夜色吞没了，我有些沮丧。

但给我“精神补偿”的，是满天璀璨的星斗……

箭镇湖区博物馆

我住在瓦纳卡湖畔山坡上的一家民宿，推开窗子，整个湖景便一览无余。步行去湖边，走到水边也就 200 来米。今天早晨 7 点多天刚亮，我便出门来到湖边。沉睡中的瓦纳卡湖依然湛蓝，湖边有几块浅水滩，水面倒映着天上的朵朵彩云，也倒映着雪山——湖周围的雪山因为最早迎接阳光的抚摸，所以呈现出一片柔和的金黄色。冬天的早晨，寒冷而寂静，只有大片大片早起的海鸥站在湖边叽叽喳喳，它们把自己的身姿投射在水面，许多对“双胞胎”便彼此映衬，颇为有趣。还有不少海鸥跃上天空，呼唤着太阳，呼唤着白云，呼唤着还在被窝里的人们。

今天的目标是皇后镇。窗外的雪山连绵不绝，一直陪伴着我们。快到皇后镇时，经过一个叫箭镇的古镇，我们停车游览。

箭镇小巧玲珑，古色古香。箭镇之“古”不仅仅在于其建筑的古老——这里不少古迹保存完好，有 60 多处 19 世纪以来的历史建筑，有些至今仍在使用——还在于这些古老建筑所蕴含的历史，让人感叹。镇上有一个被称为新西兰“小博物馆之最”的微型博物馆，主要介绍了当地的淘金历史和文化。

走进博物馆，我看到里面陈列了许多实物，还有不少模拟场景。展品都配有中文说明，可能是因为箭镇的淘金历史离不开一个重要的群体——华人矿工。1862 年威廉·福克斯在小镇附近发现了黄金，4 年后第一批华人来到这里，随后在箭河边安顿定居了下来。

大多数华人靠淘金维持生计，同时通过种植果蔬或打零工增加收入。但华人淘金者当初并不受欧洲移民者欢迎，他们认为华人是来争夺金矿的。而事实上，华人淘金区都是欧洲淘金工人淘过而放弃的地方，大部分金块已经被淘走，仅剩一些小金石或金沙。当年华工的艰苦和屈辱可想而知。他们大部分来自广东，为生活所迫，背井离乡，怀着淘金的梦想远涉重洋来到偏僻的新西兰，幻想有朝一日带着辛苦淘来的金子回到家乡或寄钱回家。1983 年，奥塔哥大学在箭镇华人定居点进行了一项考古挖掘项目，发现了大量当年华工的遗物和他们生活的遗迹。

150 多年前数千名中国矿工生活的遗迹，对我来说特别有吸引力。我出

↑箭镇湖区博物馆展品

了博物馆来到箭河边。如今这里有一大片树林，当年同胞所居住的简陋小村庄依旧在河边。我漫步其间，根据遗迹想象着当年数千名中国矿工的工作和生活。

树林边有一个简陋的华人商店，是19世纪南部淘金时代留下的唯一一家商店，当年这里也是华人社区的中心。商店后面的山坡上，有一片整齐的田园，是当年华工耕种留下的。淘金者的家乡拥有悠久的农耕传统，他们的农耕技能应付这些小小的坡地简直就是杀鸡用牛刀。他们把土地刨松，用动物粪便施肥，于是这些山楂树篱和石墙围起来的小块土地，便给他们带来了丰硕的果实。收成无论是卖钱还是自己吃，对华工来说都是一份不错的收益。

特别让人心酸的是那低矮的小棚屋，这是当年华人淘金者的住所。勤劳而富有智慧的华工懂得如何用有限的资源建造最简单实用的棚屋。这些用石头砌成的小屋，光线阴暗，家具仅有一个用来睡觉的平台和几个储物箱。唯一的装饰品是写在红纸上贴在大门外和棚屋里的祝福对联。

这些华工的结局也让人唏嘘。到了1890年，这里容易淘的金子全部被淘光，大多数人回到了中国，一些人去了西海岸的金矿，另一些人找到了新的工作。收入有限的老年华工则留了下来，过着相当孤独的生活。而回到家

↑华人淘金者的棚屋

乡的人们并没有实现与亲人团聚的梦想，离乡多年，他们与家人失去了联系，许多亲人已经逝去，一些返回中国的华工又回到了新西兰。再后来，年老的矿工主要靠互相接济生活。从官方的态度上看，他们仍然是不受欢迎的移民，被明确排除在新西兰“1898年老年退休金法”的范围之外。

老年矿工渴望死后能够葬在家乡的祖坟里。比较富裕的华人募集资金，帮助数百名老人返乡，并把已故者的棺木送回家乡。令人悲伤喟叹的是，1902年，最后一艘运载近500具遗骨的轮船在开往中国的途中沉没！

国内有朋友说我这段时间来新西兰“不是时候”，因为新西兰最美的季节是秋天——中国的春天时节。的确，箭镇以金秋大面积的绚烂“五彩林”而闻名遐迩，而现在新西兰正是冬天，本来应该是“彩林”的一片森林只剩光秃秃的树干和枝丫。但是，大自然总在不同的季节呈现不同的美，比如我漫步在冬天的树林中，虽然错过了彩林，却收获了一种苍凉之美。

我这里说“苍凉之美”，主要不是因为这些枯树所展示的自然之态，而是因为我融进了自己对当年华人淘金者的情感。当年华工的生活遗迹，正是这片彩林所在。只是当年这里可能没有什么“彩林”，只有华工的棚屋和棚屋上的袅袅炊烟。

现在我眼前的树林，的确萧瑟、凄凉。但每一棵树似乎都蕴含着一种内在的悲壮。我想起茅盾先生《白杨礼赞》中的一段描写——

> 那是力争上游的一种树，笔直的干，笔直的枝。它的干呢，通常是丈把高，像是加以人工似的，一丈以内，绝无旁枝；它所有的丫枝呢，一律向上，而且紧紧靠拢，也像是加以人工似的，成为一束，绝无横斜逸出；它的宽大的叶子也是片片向上，几乎没有斜生的，更不用说倒垂了；它的皮，光滑而有银色的晕圈，微微泛出淡青色。

眼前的树显然不是白杨树，但是，茅盾的这段文字完全适用于对这片树的描述。

是的，“笔直的干，笔直的枝”，所有的树干和丫枝“一律向上”。湛蓝的天空没有一丝云彩，只有一轮冰冷的太阳悬挂着，将没有温度的光洒下来，因此所有树干和枝丫都反射着银色的光。我抬头仰望，本来在地上各自独立的树，到了天空，树梢便彼此依偎、拥抱，似乎想抱团取暖。每一棵树干都拼命向上，向上；每一个枝丫也努力向上，向上，好像一双双苍劲的手正抓扯着天空，或者指着天空质问老天爷，甚至想把蓝天撕破……天空太高太高，实在够不着，但树们依然这么笔直地挺立着，一只只遒劲的胳膊就这

↓没有颜色的“五彩林”

么不屈地遥指着蓝天，执着而坚韧，在蓝天写下它们悲愤的诗篇。

离开箭镇，车行20来分钟，皇后镇便到了。这是一个依山傍水的美丽小镇。瓦卡蒂普湖依然蓝得神秘而深不可测，湖畔的雪山依然神圣且不苟言笑。风光虽美，我却冷得受不了。进了酒店，窗外阳光灿烂，雪山闪耀；而屋内却烧起了壁炉。

傍晚，我们坐缆车登上山顶，整个小镇风光和瓦卡蒂普湖尽收眼底。小镇的街道及建筑参差地散布在山坡上，错落有致；两个半岛如两颗宝石镶嵌于湖中。在山顶餐厅吃自助餐，品种丰富，可惜我这几天口腔溃疡发作，一动嘴唇便疼痛难忍。但没办法，还是强忍痛苦吞咽了几口。

入夜，山下灯火辉煌，小镇玲珑剔透。我们坐着缆车缓缓而下，渐渐融进了一个“水晶世界”。

↓俯瞰皇后镇和瓦卡蒂普湖

米尔福德峡湾

天不见亮就登上了大巴，我们将坐 4 个多小时的车前往新西兰著名的米尔福德峡湾。

渐渐地，窗外有些影像了，朦朦胧胧的。好像是阴天，满眼是云雾，云雾上方隐隐约约是雪峰。车行一个小时后，天已大亮。金色的牧场、晶莹的雪山、静谧的湖泊、幽深的森林……一直在窗外陪伴着我们。太阳出来了，将光芒斜射进森林里，形成无数斜斜的光柱；蓝天上的白云被阳光穿透后似乎也是透亮的，和雪峰重叠在一块，不分彼此。

我们进入了原始森林。森林很大，两旁的参天巨树遮天蔽日，抬头仰望透明的车顶，可以看到一条狭窄的蓝天白云的“长廊”。

中午，透过树木远远看见一片蓝绿色的水面；再一拐弯，整个水面全部露出来了，湖边是高耸入云的雪峰。米尔福德峡湾到了，我们都忍不住惊叫起来。

↓原始森林一窥

↑米尔福德峡湾

以前没有听说过米尔福德峡湾，昨晚特意上网查了查，得到这样的介绍——

米尔福德峡湾是新西兰峡湾国家公园最大也是最著名的峡湾，河流向内陆延伸22千米，峡湾水面与山崖垂直相交，冰川被切割成“V”字形断面，峡谷下沉后就形成了如今的景观。米尔福德峡湾被联合国教科文组织列入世界自然遗产，被英国作家拉迪亚德·吉卜林描述为“世界第八大奇观”。

下车后，我们登上游船，穿行在长长的峡谷间，穿行在梦幻一般的仙境中。从米尔福德峡湾到塔斯曼海，长长的几十公里，雪峰高耸入云，飞瀑潺潺淙淙，峡湾迂回蜿蜒，碧水温润如玉。

之前远远地见过雪峰，我还登上冰川和雪峰零距离接触。但今天再次见到雪峰，感觉和以往完全不一样。近在咫尺，但又不是触手可及，中间隔着蓝蓝的海水，所谓“距离产生美”，但这距离又不是遥不可及，而是仿佛彼此一个手势都能看到，一句问候都能应答的距离。如此不远不近，不即不离，诱惑无限，妙不可言。

游船刚起航，迎面便是一座雪峰，卓然独秀于湛蓝的水面，迎接着远道而来的我们。这座孤峰晶莹透亮，下半身郁郁葱葱矗立水中。游船缓缓前行，再看——不对，这不是“孤峰”，后面还有长长的身子，如同一只动物趴在水中，扬起头颅。对的，这座雪峰有个尖尖的头，如同海豹的脑袋朝着天空。整个峡湾两岸都是高耸的大山。许多山峰因给人以无限的想象而被命名，比如“象头山”“卧狮山”等。座座山峰，刀削斧砍，崖壁呈直角上入云天，下立水中。整个峡湾，山峰紧挨，如一个个身穿铠甲的战士，威武雄壮；又似一艘艘静静待命的战舰，巍然屹立。山巅冰雪覆盖，山腰植被茂盛，有的地方还是原始森林。远远看去，山顶的冰雪如同给整个山体镶上了一道金边。

几十里峡湾，几十里画廊。崖壁有的地方裸露出紫色的花岗岩石，凹凸不平，造型各异，宛如一座座浮雕。更多的山腰有着茂密的森林，树木或整齐排列，如等待检阅的仪仗队；或参差交错，曲折遒劲的枝条伸向空中，如一支正在涂抹的画笔。令人惊叹的是，由于山壁上几乎没有土壤，树木只能将树根互相联结盘绕在一起，紧贴在悬崖峭壁上靠苔藓和地衣吸收养分，以维持生存与生长。这是峭壁之上的生命奇迹！我偶尔看到岩壁上有一些“划痕”，听介绍才知道这是大树断裂脱落的痕迹，原来，大量的雨雪使“树崩”成为一种常见现象。当你看到峭壁有许多树木滑落留下的“硬伤”时，不必为此感到痛惜，因为这是森林防御灾害、保持生态平衡的一个过程。

最动人心魄的，是从山顶跌落下来的瀑布。峡湾雨量充沛，是世界上最潮湿的地区之一。雨季可观赏的瀑布达 100 多处，其中最著名的是高 160 米的鲍文瀑布，和高 146 米的斯特林瀑布。今天，刚好两个瀑布我都看到了。斯特林瀑布挂在云端，从天而落，潇潇洒洒，白练直下，轰然作响，玉碎之处，彩虹升起……每一个中国人看到此景，都不难想到李白那首著名的《望庐山瀑布》：“日照香炉生紫烟，遥看瀑布挂前川。飞流直下三千尺，疑是银河落九天。”我们观看时出现的彩虹令人惊艳，是的，只有用“惊艳”二字形容彩虹才恰当。当九天之上的流水轰然跌入深潭，激起的水花在阳光下形成水雾，自然“生紫烟”——美丽的彩虹便出现了。颜色那么鲜艳，就像刚刚画成，颜料都还没干；弧形那么完整，就像是刚刚建成的拱桥……除了这两处著名的瀑布，还有许多不知名的小瀑布。比如，在斯特林

↑鲍文瀑布

↓斯特林瀑布

瀑布的旁边，就有两条涓涓细流，默不作声地从山崖最高处往下滴，水珠似帘，便形成非常秀丽的瀑布，很轻很薄，微风吹过，瀑布还微微颤抖摆动，宛如美人扭动着柔美的腰肢。最迷人的，是那如细雨、若轻纱、似薄雾的细细水珠，飞花溅玉——飘逸、空灵、自在、随意。“自在飞花轻似梦，无边丝雨细如愁。”秦观的词说的就是这瀑布吧？

游船驶入峡湾与大海交汇处时，眼前十分开阔，极目远望，金色的阳光在海面跳跃，一圈一圈的逆光滚动着。我看不到海天交接的地方，据说远方便是澳大利亚。游船折返时，我站在船尾的甲板上，看见蓝色的水面被驶过的轮船划出一道宽阔而有些弧度的白浪，在阳光的照射下，如富有曲线美的海岸线，壮丽而辉煌。回望刚刚经过的两岸风景，从下往上看，依次是湛蓝的海水、墨绿的树木、柔软的雾岚、飞溅的水花、耀眼的雪峰、洁白的云团和深不可测的蓝天。

我实在想象不出，这不是仙境又是什么？我只能用八个字表达米尔福德峡湾带给我的震撼：“惊心动魄，不可思议！”

有人把米尔福德峡湾比作中国的桂林，我认为完全不是一个概念。桂林山水也很美，但和米尔福德峡湾不是一个类型的美。桂林山水像一位秀美温婉的少女，而米尔福德峡湾则是一位豪放大气的帅哥。还有人说米尔福德峡湾像长江三峡，我觉得依然不对。长江三峡的风景更粗犷，更野性；而米尔福德峡湾没那么“放肆”，显得要有“教养”些。注意，这里不涉及褒贬，只谈风格。粗犷野性也是一种美，只是米尔福德峡湾不是。如果一定要将三者相比较，我觉得米尔福德峡湾介于桂林山水和长江三峡之间——比前者豪放，比后者绅士。还是“各美其美”“美美与共”吧！

↓米尔福德峡湾与大海交汇处

返回途中，窗外宁静而美丽。暮色中，羊群或鹿群在草坪上悠闲地吃草，远处是起伏的山脉。太阳落山了，留下红

色的云、紫色的云、金色的云、橙色的云以及说不出色彩的云，在天幕上肆无忌惮地涂鸦着原创的现代派画作。虽然画风抽象，但这次我看懂了——这幅画的名字叫《多彩黄昏》。

王冠上的宝石——格林诺奇小镇

如果说皇后镇是一位美丽的女王，那么格林诺奇镇就是女王头冠上那颗璀璨的宝石。说“格林诺奇”可能不少中国人比较陌生，但一说“魔戒小镇”这个名字，也许有人会觉得熟悉一些，因为电影《魔戒》（又译《指环王》）中的很多场景都是在这里拍摄的，这个小镇也因这部电影而出名。

格林诺奇是一个只有近 400 人的小镇，位于瓦卡蒂普湖最北端，离皇后镇仅 45 公里。这里的湖泊、山川、草原和牧场基本保持原生态，是南岛自驾不可错过的地方。

↓瓦卡蒂普湖

于是，上午9点，我们离开皇后镇，自驾越野车一路沿着瓦卡蒂普湖前行，向格林诺奇进发。

左右两边都是高山，右边的山我们看不到顶，但左边隔湖相望的山峰则一览无余。片片桃红色的彩霞亲吻着耸入云天的雪峰，雪峰也显出浅浅的桃红色；山腰缠绕着白色的云雾，婚纱一般；山脚是静静的湖水，蓝汪汪的，颤动着雪峰的倒影。

太阳越来越高，我们沿一条小道开到了湖边。一排排柔和的浪花轻轻地吻舔着湖岸，一弯细碎而晶莹的水花给湖水平添了几分妩媚。宽阔的湖面上有几只野鸭在悠闲地游着，划起层层细细的波纹，一圈一圈荡得很远，雪山、森林、白云的倒影一时凌乱了，整个湖面迷离而朦胧。

特别喜欢那清清柔柔的湖水。自从来到新西兰第一天，我就喜欢上了那蓝色的水，一周来几乎天天都会看到那打翻的蓝墨水，但依然百看不厌。湖面静谧，但不是僵硬不动，而是有微微的波纹。对岸的山倒映湖中，和湖面的细纹纵横交错，近岸湖底清晰可数的碎石，也一起颤动着，洒在湖面的阳光，也随湖水的荡漾而闪烁跳跃。

一条小溪汩汩而下，注入湖中，这溪水是从雪山上流下来的，水质清澈明亮，透过跳跃的溪水能够看到五颜六色的小石子同样在跳跃。溯流望去，蓝天之下的雪峰更加璀璨了，太阳已经越过峰顶，将万道金光洒向山脉、大地、森林、牧场、湖水……湖边一丛丛灌木，扇状的枝丫伸向天空，阳光把每一根枝条都镀上了薄薄的金粉，在蓝天的衬映下，这些树枝有了一种透明感。

蓝蓝的湖水，五彩的石滩，金色的草丛，雄伟的山脉，洁白的雪峰，缭绕的云雾……构成了层次分明的画面。

车继续前行，穿过一片森林。新西兰到处都有原始森林，这几天我们也是几乎每天都能见到，但今天这片森林有些特别。绝大多数参天大树在冬天依然枝叶浓绿，厚厚的苔藓涂满树皮。除此之外，还有一大片明显已经枯死的树干。枯死的树干不是一株两株，而是一大片。我不明白这些树是怎么死去的，也许是在某次雷暴雨中被雷电击中烧死的——应该是这样的，因为这些枯树干的上方明显有被烧过的痕迹。于是，没烧尽的树干，就这么静静地

↑刺破青天的树干

屹立在大地上，沐浴着冬天的阳光，呈现出苍凉之美。

同样是苍凉之美，这些树干和前天在箭镇看到的伸向高空的树干不一样，那些树有干有枝，只是树叶凋零了。而眼前的枯树却只有干没有枝，就那么直愣愣、孤零零地挺立着，如一柄柄深深插在大地上的利剑，“刺破青天锷未残”；又如一尊尊高耸入云的雕塑，无声地诉说着昨天的故事。太阳的逆光穿过森林，在树干间放射出锐利的光芒，跳动着五色彩环，这些枯树干仿佛有了生命的光芒。

格林诺奇小镇到了，这里的确风景优美。小镇上散落着一些房子，包括民居和小商店小餐馆之类。虽然是旅游区，但除了咖啡店、酒吧、马匹租赁、快艇租赁、野营场地等，再没有其他的旅游景点的气息，很原生态。小镇就在瓦卡蒂普湖湖边，一对新人正在那里拍婚纱照。我看到，大片大片的空地并没有被“开发利用”，这如果在国内，估计早就被旅游设施占用了，至少应该有一排排旅游小商品摊位吧，但这里全没有。这里呈现给游人的，更多是大自然本身的绿地、树木、湖水、蓝天、牧场……

↑格林诺奇小镇

意外地在一家小食店外面发现了一个招牌，上面写着四个大字“手工饺子”。我们走了进去，店内面积不大，但浓郁的中国风扑面而来——挂着食谱的木板上写着“猪肉韭菜水饺”“猪肉白菜水饺”“牛肉蒸饺”“手擀面”等在国内再熟悉不过的字眼，墙上还有京剧脸谱，一个小窗口上方写着“中国味道”四个大字。关键桌上还放着“老干妈”！对置身国外的我而言，中国味道就是老干妈！我们要了三份水饺、一份蒸饺、一碗手擀面，味道很正宗。

↓中国味道——饺子

格林诺奇附近有许多美丽的牧场，其中“天堂牧场”因为被《魔戒》等电影作为外景地而最为有名。我们在路边还真发现了“天堂”的标牌，它的旁边是用铁丝围栏隔开的一大片金色的牧场，远处有牛羊缓缓移动。

再往前行，看到一个山坡上的羊群在低头吃草，阳光从它们的背上掠过，束束逆光，格外迷人。我们路过一座农舍，牧民刚刚把羊群赶出来，看见我后很友善地对我微笑点头。在两只牧羊犬的驱赶下，小跑的羊儿摩肩接踵，拥挤着前行。我第一次面对如此多的羊，而且这么近。这些羊可能也是第一次这么近距离地面对陌生人，有几只羊放缓脚步，用打量的眼神看着我们，“笑问客从何处来”。

在湖边，我们还看到一片没有边际的牧场。因为空气特别清新，视线的穿透力很强，我们可以看得很远：近处是铁丝围栏，里面是麦浪一般的牧场，远处是湖水，湖水对岸是青山，更远处便是银装素裹的雪峰……

下午回到皇后镇，我们去逛了街。路过一座教堂，教堂高高的哥特式尖顶直插蓝天，教堂旁边的一棵伞状的树，密密的树枝如一张网向空中撒开。我想，如果在春天这棵树一定格外枝繁叶茂吧？虽说是旅游区，但街上的人

↓来自羊群的问候

并没有想象的那么多，而且世界各地的游人都有，时不时还会听到前面或背后的陌生人说汉语，估计也是来自中国的游客。

我又来到湖边，一群海鸥正在暮色中追逐，由于湖水是蓝色的，所以海鸥都被染蓝了。原本平静的湖面，因为有了这群飞翔的小精灵，而有了生命的活力。

傍晚，我在阳台上写日记，远处的雪峰被夕阳抹上一层橘红色。过了一会儿，再抬头看，近处湖水似璧，对岸的青山在暮色中呈墨绿色，而一线雪峰则更显洁白晶莹，在越来越暗的天空下如此圣洁。

新西兰的苏格兰城——达尼丁市

瓦卡蒂普湖对岸，南阿尔卑斯山顶峰上那几块冰雪覆盖的岩石被朝霞一涂抹，整个雪山便像戴上了一顶红色帽子。云彩也来凑趣，在山的胸前披上洁白的纱巾。瓦卡蒂普湖还在沉睡，我们却不辞而别，向达尼丁出发了。

↓清晨的南阿尔卑斯山

从皇后镇到达尼丁约280公里，基本上都是山路，高低起伏，蜿蜒曲折。我坐在汽车后座，有几次急转弯时感觉自己好像要被甩出去，有时突然一个陡坡，冲下去后又突然上坡，宛如坐过山车。当然，并不是说一路上都这么惊险。更多的时候，虽然也转弯，也上下坡，但还是比较平稳的。

何况公路两旁的山坡，怎一个“美”字了得！如果说昨天在格林诺奇看到的牧场都是金黄色的草原，那么今天看到的牧场是高低起伏的绿色山坡——也有山脚下比较平坦开阔的牧场，但更多的牧场在山坡上。天依然蓝得不可思议，在蓝色的天幕下，山脊线条优美，往下是披在山腰坡地上的舒缓而流畅的绿毯；绿毯上，是一大片一大片在阳光下吃草的白色羊群或黑色牛群。东边的山坡上，牛羊们在逆光中晃动，它们微微移动的身体带动了阳光的跳跃；西边的山坡上，绿色的草坪、红色的农舍、白色的羊羔、黑色的牛群、蓝色的天空……构成一幅色彩鲜明的立体画。

中午1点多，行驶在山坡上的我们看到远方隐隐约约一片蓝色的海水，海岸及岸边洋洋洒洒成排成群的房子，在阳光下呈现出各种风格和各种颜色。我们知道，目的地达尼丁市到了。很顺利地住进一家民宿，主人是一对老年夫妇，他们很热情地帮我提沉重的行李箱。我看他们年纪比我都大，不忍心把箱子给他们，但他们微笑着硬是把箱子“抢”了过去，吃力地提上2楼，再搁到我们住的房间。

下午逛达尼丁市。在新西兰所有城市中，甚至是整个南半球，保存爱德华和维多利亚时代建筑最多最好的城市就是达尼丁。1848年，苏格兰人最初来到这里，据说他们只花了2400英镑就向毛利人买下了达尼丁。1861年，达尼丁附近发现金矿，苏格兰移民越来越多，这里开始变得繁华，建筑也开始多了起来。因此，这里的民情民俗均来自苏格兰，城市建设也采用苏格兰式的建筑，达尼丁因此被称为新西兰的苏格兰城、南半球的奥丁堡，被誉为“苏格兰以外最像苏格兰的外国城市”。

我感觉街上的建筑和我们前几天游过的新西兰其他地方的建筑不太一样——无论是商店，还是民居，造型都很精致，或者说比较“烦琐”。比如底部有手工的砖砌墙，屋顶板大多是木质的，还有圆顶角楼，以及多重人字形屋顶，尤其是屋顶遥指蓝天的塔尖很引人瞩目。房屋的色彩也比较丰富，

↑达尼丁市的房屋建筑

多为暖色。我还发现，这里房屋的窗户特别讲究，有拱形窗、凸肚窗、老虎窗等。另外，不少民居还特别讲究花园的布置。精巧的洋楼往往藏在大树的枝叶间，或被绿草灌木掩映着，在这寒冷的冬天，一切都生机勃勃。

离开旅店沿街走了不远，便看到一座秀丽而雄伟的教堂。它那耸入蓝天的塔顶，至少1公里以外也能看到。这是建于1873年的奥塔哥第一教堂——一座文艺复兴时期的哥特式建筑，庄重典雅。历经100多年，今天依然风采不减，静静地屹立在这里，注视着来来往往的人们。

我们来到达尼丁的市中心八角广场，首先看到的是广场中心矗立的一座雕塑——高高的基座上坐着一位英俊的男子，他凝视前方，好像在吟诵着诗篇。他是一位深受苏格兰人民爱戴的诗人，叫罗伯特·彭斯，他的名气不及拜伦、雪莱响亮，但他有一首诗被改编为电影《魂断蓝桥》的主题曲，那就是脍炙人口的《友谊地久天长》。今天，他坐在这里，似乎正吟诵着这首诗，欢迎世界各地的人们："友谊万岁，朋友，友谊万岁！举杯痛饮，同声歌唱，友谊地久天长……"雕塑的头上一直站着一只白色的鸽子，似乎被他的诗歌陶醉，久久不愿离去。

在八角广场附近，有两座著名的建筑。一座是圣保罗大教堂，已经有150多年的历史了，这座哥特式建筑设计精美，高高的台阶、庄严的拱顶，让教堂显得格外神圣肃穆。另一座著名的古建筑，是与圣保罗大教堂并排而立的市政厅议会大厦，建于 1880 年，同样典雅而庄严。

到了达尼丁，有一座建筑必须去看，那就是老火车站。几百米开外，我就看到了它气势宏伟的身姿。建筑的外墙是赭红色和乳黄色相间的色调，蓝天之下非常典雅。车站于 1904 年奠基，1906 年启用，1999 年再次整修。我不懂建筑，据资料介绍，说这座火车站“在设计上保持文艺复兴时代的古典建筑原则，在建筑造型上又充分体现了佛兰德斯世俗建筑华丽的巴洛克风格”。总之，看上去的确令人震撼，既有教堂的威严，又有宫殿的华丽。走进候车室，内墙、窗户、地面，装饰之华美精致，让人惊叹。如此伟大的建筑，多次出现在新西兰影视片中，理所当然地成为达尼丁乃至新西兰的标志性建筑。

回到旅店，一弯月牙已挂在庭院内的树梢上，预示着明天又是一个晴朗的日子。但愿明天的奥塔哥半岛，能给我带来新的惊喜与享受。

↓达尼丁火车站

奥塔哥半岛

迎着冬日的阳光，我们驱车朝奥塔哥半岛进发。奥塔哥半岛由火山喷发形成，三面临水，一面连接着大陆。我们沿奥塔哥海岸前行，一边是蓝色的海洋，一边是绿色的山林。刚刚升起的太阳照耀着，整个海面都荡漾着碎金。

车沿着陡峭的山路往上开，绵延的公路两旁是缓缓闪过的森林、牛羊、海鸥、沼泽、缓坡、崖壁、海洋、蓝天、白云……所有的元素和谐地搭配在一起，在我们眼前展开一幅明丽的画卷。

昨天和前天都看了牧场，今天是海洋和半岛。没想到奥塔哥半岛给我们的第一个惊喜，便是牧场！前几天我们都是平视或仰视牧场，而今天我们是俯视牧场。奥塔哥半岛其实是一座高高的山，山坡起伏，山崖陡峭，覆盖着森林和草坪，而那相对开阔的山坡，便是天然牧场。我们的车行驶在半岛高高的山上，两边的山坡都比我们低，牛羊在下面吃草，怪异而妙趣横生。请朋友们想象一下，你在高山之巅往下看，三五成群的牛羊在斜斜的山坡上吃草，它们的身后是树林，越过树林是蓝色的大海，大海对岸的山坡上是隐隐约约的房舍，再远一些，是隐约可见的达尼丁市区，更远一些便是无垠的天空和淡淡的白云……这是不是就是“诗和远方”？

奥塔哥半岛最值得去的地方是拉纳克城堡花园。走进花园，首先看到的是一个宽阔的圆形草坪，位于城堡花园的中心位置。虽然正值冬天，但阳光下的草坪丝毫没有衰败的迹象，相反依然是春天里的绿意盎然。草坪中央有

↓奥塔哥半岛

↑拉纳克城堡花园

一个大理石的喷泉，它是20世纪30年代从意大利比萨城移到这里的，喷泉安置那天就是中心草坪建成之日。有趣的是，在草坪附近，放置了许多《爱丽丝梦游仙境》人物的雕像，这给花园增添了些许浪漫的气息。

拉纳克城堡花园，其实是一个品类繁多的植物园，植物园分为几个各有特色的小花园。比如有“城堡绿地”，种植着来自欧洲、新西兰、澳大利亚以及智利的榉树；还有“温带雨林”，生长着各式各样茂盛的蕨类植物，包括皇冠蕨、鸡爪蕨和三种美丽的树蕨，还种植着阔叶罗汉松，以及很多适宜雨林气候或季风气候的植物，包括猩红的红钟苣苔属、智利的冬木和心叶船型果木、塔斯马尼亚岛的光亮密藏花，以及喜马拉雅山脉迷雾环绕下的杜鹃花和大百合；“锦绣花园”里，在这七月隆冬时节，光秃秃的阔叶杜鹃树下，墨蓝色鸢尾花正凌寒绽放；最让我们惊叹的是“南太平洋花园”，里面的大部分植物都来自本地海岸、附近岛屿：蓝草、千里光……除了这些我们从没见过的花草，还有我似曾相识但又感到陌生的多肉植物——这种多肉比我平时看到的大，形状也很奇特，就像盛开的莲花，但其实就是多肉。

关于拉纳克城堡的来历，其实有一个令人唏嘘的悲剧故事。1870年，被淘金热的财富潮吸引而来的澳大利亚银行家、商人和国会议员威廉·拉纳克先生，在奥塔哥半岛上漫步时发现这里地势雄伟，视野开阔，因此决定在此修建一座豪宅，以取悦作为法国贵族后代的妻子。但自1871年豪宅修好

↑植物园中的多肉

后，这座豪宅并没有给拉纳克带来幸福，他的头两任妻子先后去世，第三任妻子据说与他的儿子有私情。1898年他在新西兰议会大厦举枪自杀。拉纳克先生离世后，其儿子变卖了城堡，此后这豪宅数易其主，并两次遭到遗弃，渐渐被人遗忘。直到1967年，巴克家族发现了拉纳克城堡，当时这里的地面已经被次生林吞噬，14公顷的土地是一片荒野。巴克家族购买了这座城堡，将它重新变成了家园，重现了昔日美景。

城堡的正门两边，雄踞着两尊威严的石刻狮子，迈上高高的石阶，便进入城堡大门了。进去之后，感觉置身迷宫，典雅的房间、精致的布置、珍贵的家具等物品，还有旋转的楼梯、华丽的过道、雕琢精美的窗户、巍峨的塔楼，都让我眼花缭乱，目瞪口呆！

"眼花缭乱"，是因为太多的珍贵物品让我感到眼睛不够用：在壁炉边上有个载煤炭铜器；餐厅壁龛里还可以看到原先的橱柜；图书室有一把中国椅，是拉纳克先生的中国朋友送他的；在一间陈列室，展示着拉纳克先生第三任妻子康斯坦茨的婚纱礼服——这些实物历经沧桑保存至今，静静地躺在这里，引发我们无限的想象和感叹。

"目瞪口呆"，是因为一些细节所蕴含的高贵奢华让我觉得不可思议：音乐室天花板上的冷杉横梁来自美国；餐厅天花板是英国橡木制成，外贴花、鸟和蝴蝶的红木雕刻，餐厅内的所有壁板是用澳大利亚黑木制成；大厅的墙裙是用黑檀木和新西兰金银花灌木制成，门板是橡木、贝壳杉和红木制成，精美的天花板三个工匠花了六年半的时间才完工；仕女会客厅有一个中国制造的漆针线盒，这是中国当年专门为出口制作的；通往塔楼的是南半球

↑城堡室内装饰

唯一一座红木制成的旋转式悬梯，扶手并不是由蒸汽作用而成，而是由一棵实心贝壳杉木雕刻出来的。

让我特别感动的是，在这么古典的房子里，有这么多珍贵的物品，我却没有看到任何一处为保护物品而设置的隔离栏杆或绳子。在这里，我感到主人的信任，也看到游客的素养。

登上城堡最高处的塔楼观景台极目远望，远处山脉黛蓝，前方海面泛金，近处森林茂密，举头仰望，我猛然发现，一轮月亮居然挂在这正午的天上！忽觉日月星辰涌进眼底，顿感天地宇宙藏于胸中……何其乐也！何其壮哉！

离开了拉纳克城堡，我们来到巴尔德温街，这条街以世界上最陡峭且有人居住的街道而被载入“吉尼斯世界纪录”。果然，当我们到达巴尔德温街时，看到了一条长长的直直的陡坡，资料上说有19度倾角，但看上去好像有30多度。我下车步行往上走，感觉不是行走在街上，而是在登山。说是“街”，其实不是。在我看来，“街”的两边都有商店，而这里一家商店都没有，路两边全是一幢挨着一幢的民居。另外，“街道”

↓巴尔德温街

还意味着“热闹”，意味着“人气”，可这里除了我们一行人，再没有其他任何人，整个长长的陡坡寂静而孤独，在阳光下静静地躺着。我一步一步往上走，估计有三四百米吧，走得气喘吁吁。终于走上顶了，向下俯瞰，有点君临天下的味道。再往下走的时候，我的心居然有些发慌，生怕走不稳跌倒了，如果跌倒了，估计会顺势滚下去。还好，我并没有跌倒，一步一步走到了下面。

离开了巴尔德温街，我们又步行来到奥塔哥大学。奥塔哥大学是新西兰最早成立的大学，也是世界上最著名的大学之一。值得一提的是，达尼丁市的人口只有 12 万多，而目前奥塔哥大学的学生就有 2 万余人，占整个城市人口的 16% 以上，学生除了新西兰人，还有来自其他国家的 2600 多名留学生。和欧洲许多大学一样，奥塔哥大学也没有围墙。校内大楼多为英式风格的建筑，尤其是那座钟楼特别引人注目。

↓奥塔哥大学

两只不知是野鸭还是鸳鸯——我情愿认为它们是鸳鸯——悠闲地在离我不远的草丛中散步，我朝它们笑了笑，它们却不理我，径直走了，谈情说爱去了。我一个人坐在小河边，静静地注视着对面钟楼上伫立的几只鸽子，它们好像也在注视着我。周围一片宁静，仿佛时间停止了流淌。突然，悠扬的钟声响起，几只鸽子呼啦啦飞向蓝色的天空。我的视线随着它们飞翔的弧线移动，它们正向空中的弯月飞去。是的，的确是一轮弯月，尽管太阳还没落山，可月亮却一直不声不响地挂在那里。

在回旅店的路上，我观察了街边的民居，的确风格别致。它们大多轮廓简洁但细节精致，三角形的房顶、拱形的门框、上圆下方的窗户、精雕细刻的栏杆……无一不是精心设计并制作而成。现在已是黄昏，高空中的弯月与每一幢房子相映成趣，真是童话般美丽。

摩拉基大圆石与特卡波湖

终于迎来了一个阴天。这话好像很别扭，我是接着昨天说的。昨天我说，老天爷天天“布鲁似盖”（Blue sky）让我过意不去，也许我的“过意不去”让老天爷更加“过意不去”，结果今天天就阴了下来，可又绝无下雨的意思。灰色的云层低悬于空中，天边却有一线亮色。

阴天对游客来说有些“煞风景”，但对我们今天观赏摩拉基大圆石却正合适——灰色的天空，沉沉的阴云，没有阳光的空气，更突显出这些巨石平凡的外表与厚重的内涵。后来我拍的照片，不用任何处理，都几乎是黑白照效果。我想，如果色彩艳丽，这些巨石便失去了它们应有的朴素色调与庄严风格。

9 点整我们从达尼丁出发，开车 1 个小时后便来到了奥马鲁附近的一个海岸。远远地听到海浪震天的呼啸，我已经不再激动。但当我走到岸边时，三五成群屹立岸边的圆形巨石，让我吃了一惊。这就是著名的摩拉基大圆石。

其实，这些石头更像一个个巨蛋。这些巨蛋是谁留下的呢？这是一个至今都还没解开的谜。根据毛利人的传说，这是 1000 多年前巨大战舰阿雷德

↑摩拉基大圆石

欧鲁号在岸边沉没时所滚出来的瓜果；也有人推测，这是遥远的太空人带来的“外星蛋”；还有人根据考察说，这些石头是经过400万年的风化而形成的；新西兰一所大学的教授经过研究得出结论，这是海底生物与当地的地质结构相互反应生成的大圆石……众说纷纭，让这一堆大圆石充满了诱惑力。

天色阴沉沉的，给大海添了几分严峻和悲壮，但天边的云层缝隙，现出一抹蓝天和几缕亮色，又透露出某种希望。正是在这严峻、悲壮而又希望未绝的大海上，海浪和圆石进行着无休止的较量。其实，这样说不太准确，因为所谓“较量”，只是海浪一厢情愿的行动，和圆石没有关系。从天边呼啸而来的排排海浪一次次拍打、撕咬、撞击着大圆石，但每次拍打、撕咬、撞击之后，圆石都丝毫无损，而浪花却被摔成泡沫落回海中，最多有少数泡沫凭着用力过猛的惯性涌到岸上喘息几声，然后又无可奈何地败退下去，接着准备下一次徒劳的进攻。面对这无休止的攻击，大圆石总是巍然屹立，纹丝不动，好像这一切和自己无关。千百年来，它经受了多少次这样的惊涛骇浪？无人知晓。我们知道的是，正是因为无数次这样的“惊涛拍岸”，石头越来越圆润，越来越强韧，越来越从容镇定，越来越坚不可摧！而它唯一的“武器”便是沉默的蔑视——“理他算输”！一波一波的海浪来去无痕，而大圆石始终在这里。

我想起了艾青的《礁石》——

一个浪，一个浪，
无休止地扑过来，
每一个浪都在它脚下，
被打成碎沫，散开……

它的脸上和身上，
像刀砍过的一样，
但它依然站在那里，
含着微笑，看着海洋……

我注意到一只娇小的海鸥孤傲地站在一个圆石上，注视着阴云笼罩下的汹涌海浪。气势汹汹的海浪时不时越过那块圆石，企图吞噬圆石。当海水将要漫过海鸥的一刹那，它并不惊慌，只是张开双翅，脚稍微腾起，海水瞬间退下后，它又落下来稳立于圆石上，继续从容地俯瞰着海面。这么静静地伫立了一会儿，它似乎听见了什么召唤，忽地腾空而起，又冲向海面，双翅几乎划过水面，然后在海面掠过一道长长的弧线，围绕圆石徘徊回旋了几圈之后，小小的海鸥从容而灵动地跃上天空，冲向云层，它看似弱小的躯体内似乎蕴藏着无穷的力量，矫健地向着东方那一抹亮色飞去，越飞越高，越飞越远，最后融化在光里了。

天地无言，意蕴无穷。小海鸥与大圆石，一个翱翔于天，一个匍匐于地，一小一大，一动一静，都以自己的方式表达着同样的精神——一种低调内敛的自信、一种朴实素净的高贵、一种不动声色的从容、一种四两拨千斤的力量、一种大智若愚的智慧、一种执着永恒的追求……

继续前行，目标是特卡波湖。头顶依然是阴云，但遥远的天边有一片湛蓝。车行驶在路上，窗外的积雪渐渐多了起来，先是看到两边的山坡上星星点点的雪花，后来是雄伟豪迈的雪山山脉把我们包围了。2 个小时后，我们开进了一片辽阔的冰雪天地，而太阳在我们上方用明亮的光芒迎接着我们。我生活在中国西南地区，家乡的冬天很少下雪。我印象中的雪景大多来自小时候读过的小说，比如《林海雪原》，或话剧《智取威虎山》，还有描述大

↑茫茫雪原

庆油田石油工人工作生活的电影《创业》。现在，眼前的雪景将我小时候有关茫茫雪原的记忆全部复活了。

和前几天我在瓦纳卡镇和皇后镇看到的雪山不同，这里的雪山不只是峰顶有雪，而是从山顶到山脚几乎都覆盖着厚厚的积雪。这里的雪山绵延不绝，就像一条巨大无比的玉龙，蜿蜒曲折，蜷曲在大地上。除了雪山，还有雪原，莽莽苍苍，辽阔无边。近处是“白茫茫大地真干净”，远处是隐约的雪山和天空。有时候也有缓坡，坡上有森林，阳光把森林的影子长长地拖在雪白的山坡上。天空大片大片的白云和下面的雪景交相呼应，恍惚间我有一种幻觉，感觉天地颠倒了，天空覆盖着厚厚的积雪，而大地飘浮着洁白的云层。

听到阵阵海涛声了，我以为我们又来到了海边。女儿说这是一个湖。是的，特卡波湖到了。但眼前哪里是“湖”，分明就是海嘛——只有海水才会有这样的气势。所谓湖，我认为应该是文静的，就像前几天我们欣赏的几个湖一样。即使有水浪，也是温柔的涟漪，最多是波纹，哪像眼前的浪这么汹涌地咆哮呢？

美丽迷人的特卡波湖被阳光笼罩的树丛和雪山包围。已近黄昏，太阳正在山巅放射着余晖，湖面在雪山的阴影中呈深蓝色，湖水也是蓝色的。我朝湖边走去，但风猛烈地刮着，每走一步都十分吃力。这么强劲的风也是我没有遇到过的，仿佛无数双看不见的手在前面把我往后推。风特别刺骨，我一张嘴风就往嘴里灌，马上就感觉有针刺着我的喉咙。我穿着厚厚的羽绒服，

↑特卡波湖风光之一

戴着帽子，穿着大头皮鞋。可是我感觉身上衣服的纤维之间有缝隙，风像无数根针正往缝隙里面钻。我猫着腰低着头，用手护着相机，半步半步地朝湖边移动。

终于来到湖边了。虽然从房间到湖边，最多有 200 米的石滩，我却走了近 10 分钟。眼前的湖景是我从来没见过的，湖面斑驳地闪耀着太阳的余晖，一排一排蓝色的波浪，前赴后继，吞噬着湖岸的石块，激起阵阵水花朝空中飞溅；湖对岸是雪山，扑面的浪花就像是从雪山上奔涌而来，拍打着乱石，“卷起千堆雪”……

入夜，特卡波镇宁静而祥和。我们在民宿里吃着火锅，透过玻璃门看出去，天空正飘着细雨，但一轮半月却挂在门外的树梢之上。

吃完火锅，雨声停了。推门一看，哇，一片清辉世界！我从来没有看见过这么灿烂的星空！难怪这里被评为“国际黑暗天空保护区”，截至 2013 年，这样的保护区全世界只有五个。仰看天空，银河、星星和月亮互相辉映，璀璨无比；星空下，雪山、湖泊，柔和而明亮，地上的草坪、积雪、小树以及房舍，朦胧隐约，梦幻一般。

新西兰屋脊——库克山

天刚亮，我就来到湖边。

昨天傍晚咆哮不止的特卡波湖，现在还在沉睡，如一位安静温柔的美人。周围的雪山依然静静地矗立在湖边。东面的雪山上空布满红云，湖面上没有一丝风，镜子一般倒映着天上的彩霞。不一会儿，太阳升起，跃上山巅，金光万道。整个湖面，还有环绕特卡波湖的雪山，以及草地上的树丛、房舍，都被撒上了一层淡淡的红粉。时不时有一群鸟儿从湖面飞过，叽叽喳喳地叫着，似乎在欢呼太阳的升起，并企图唤醒沉睡的人们。

我们入住的是一个建在缓坡上的独立小木房，进去以后感觉与世隔绝。昨晚在屋内吃火锅时，只能看见远处有零星的灯光，一片漆黑寂静我们感觉被世界遗忘了。不，应该是这个小镇被世界遗忘了。按说这里也是一个旅游景点，但来的人并不多，即使旅游大巴拉一车游客来，游客在湖边待半个小

↓特卡波湖风光之二

时，拍完照片上车便离去了。所以，这的确是一个宁静而悠闲的小镇。习惯了旅游景点喧嚣嘈杂的气氛，这里冷清得让我觉得不可思议。

每个人的生活方式和生活状态都不同。有人喜欢忙碌而充实，有人喜欢恬淡而闲适，每一个人的选择都值得尊重。但我更欣赏后者。责任必须担当，事业值得追求，但很多时候我们以责任与事业的名义汲汲于名利，人生便附加了许多沉重的包袱。所以，适当远离尘世，适当远离喧嚣，适当被疏远，适当被遗忘，这也是一种值得尊重的生活态度和生活方式——就像这座小镇一样闲适，就像我入住的小木屋一样简朴。

我在湖边拍照时，周围没有任何人。只有好牧羊人教堂旁那尊铜铸的牧羊犬正沐浴着阳光，望着天空。好牧羊人教堂面积很小，大概 20 平方米，但它在小镇的知名度可不小，甚至在新西兰都是最著名的教堂之一。这座教堂由著名建筑师本杰明·伍尔菲尔德·芒福德于 1935 年建造，其哥特式木结构和石结构在新西兰建筑中都独一无二。说它独一无二，不仅因为其造型

↓特卡波湖风光之三

独特，还在于在木材资源丰富的新西兰，一座教堂居然全部用岩石块垒砌而成。这座教堂记载了早期新西兰移民的历史，教堂外那一尊牧羊犬的铜像，据说就是为了纪念牧羊犬保护羊群所做的贡献。

教堂建在湖边高台上，这个高台也是夜晚观看星月的最佳位置。教堂和雕像、蓝天和星空、雪山和湖水，这三组景象是特卡波湖美景缺一不可的经典元素。试想一下，深蓝而神秘的夜空上，布满闪烁的星星，星空下，一座小教堂的轮廓静默而朦胧，远处的湖水和雪山隐约泛着柔和的光……这是一幅多么美丽的画。此刻，被霞光笼罩的好牧羊人教堂默默矗立在湖边，屋顶上站着一排鸟儿，好像在静静地等待着什么。

今天的目标是库克山，这是新西兰最高的山峰，也是大洋洲第二高峰，有“新西兰屋脊”之称。我们驱车至库克山脚下，再徒步进山。环顾四周，雄伟的雪山包围着我们，我顿觉自己渺小了许多——如果把四周的雪山比作一个大锅，那么我就是那锅底的一只蚂蚁。我们沿着铺着厚厚积雪的步道往山里走，没有风，也几乎没有其他游人，山里很寂静，只有我们的脚踩在积雪上发出的沙沙声。山路因冰雪而很滑，弯弯曲曲，起起伏伏，稍不小心便会摔跤，好在我们一边慢慢走，一边拍照欣赏风景。山里面没有任何服务设施，只有纯粹的自然风景。中午肚子饿了，我们便坐在路边的一块岩石上，吃自带的三文鱼，算是午饭，然后继续前行。除了雪山，我们还经过了湖泊、怪石、吊桥和灌木林……近 4 个小时的徒步游览，我们总共走了 13 公里。

我游过的山也算不少了，但今天游山的感觉不一样——与其说是在游山，不如说是在赏雪。远处的山峰都被冰雪覆盖，雄伟的山仿佛身穿银光闪闪的盔甲，瘦小的山峰便像身披白色婚纱的美人。蓝天上没有一丝云彩，却挂着一枚月亮，月亮下面的雪山就像一块块巨大的玉石，晶莹剔透。近处山路上的雪，在阳光下反射着晶莹的光芒；山或树的阴影下的积雪呈浅蓝色——我能理解湖水海水是蓝色的，可雪也呈蓝色我就搞不懂了。尤其美妙的是，有几段木制的山路台阶，每一级台阶上面都铺着洁白的积雪，而台阶的侧面则没有雪，于是，蜿蜒曲折的木制台阶黑白相间，像一排钢琴的琴键，我们走在上面沙沙作响，便是在演奏一首柔和的《库克山冬之曲》。

↑库克山

今天游库克山，也有一些我不适应的状况。作为世界自然遗产的库克山，居然不用买门票，连停车都是免费的。我想起在国内，哪个世界自然遗产景区不要门票？越是名山大川门票越贵，如果这些名胜被评为世界自然遗产了，门票还会涨价。可新西兰为什么不这么做呢？我来新西兰10多天了，游了那么多世界著名的景点，除了前天在奥塔哥半岛上参观拉纳克城堡买了门票，其他景点都是免费的。而拉纳克城堡属于巴克家族的私人财产，人家收费用于维修城堡也说得过去。哦，还有一个地方收费，就是昨天去摩拉基大圆石时经过海边的路，路口有一个投币箱，游客可以往里面投“过路费”，费用用于维修脚下这条通往海岸的小道。但投钱完全凭游客自觉，没有专人来收。同样是自然风光，一个收费，一个免费，这差别也太大了。

我还有一个不习惯，就是库克山以及我们在新西兰玩过的所有地方，基本上都没有“人造景观”，比如修个亭子，建一个游客服务中心，或造一个豪华的山门，以及数不清的旅游纪念品摊位，等等。在新西兰，我们游过的马瑟森湖、瓦纳卡湖、千层薄饼岩国家地质公园以及今天的库克山，通通没有这些。一切都是自然的，一切都是原生态的。新西兰有关部门对于发展旅游事业“太不作为”了。

不过，如此“不作为”，是不是值得我们参考和学习呢?

基督城

我们从特卡波镇驱车3个小时，抵达新西兰南岛东海岸的基督城（克赖斯特彻奇）时已是中午。

基督城本来是一个很美丽的城市，我早就听说它有“花园城市”的美称，但现在市内好些地方都在修建。2010年的7级地震和2011年的6级地震将这里的许多建筑变成废墟，今天基督城依然没有恢复震前的风采，还在重建中。这是一座劫后余生的城市。

办好入住手续，稍作休整，我们便前往基督城大教堂——基督城的主要标志性建筑和重要景点之一。当我们来到教堂前，首先看到的是高高的铁丝网，里面是一片废墟，教堂的残垣断壁惨不忍睹，很难让人想象它在地震前的风采。

2011年，日本建筑学家坂茂来到基督城，他用98根硬纸管建了一座“纸

↓基督城大教堂

↑纸教堂

教堂”，作为临时性的“过渡教堂”替代原来的大教堂。虽然是用纸建的教堂，却能屹立至少 50 年。教堂呈三角形，外形简洁而雄伟，迎面的三角窗户有彩色图案的玻璃，据说是来自原来教堂的废墟。该教堂能容纳 700 人，还可以举办音乐会等活动，现在它也成了来新西兰旅游必去参观的“景点”。

在基督城的市中心，有一条贯穿全城的河——雅芳河，河上原来只有一座小小的白石桥。第一次世界大战时，准备出征的士兵在亲友们的目送下，行经此桥前往惠灵顿火车站。1923 年，为纪念在第一次世界大战中牺牲的新西兰士兵而重建此桥，并取名“追忆桥”，以表达士兵们跨过这座桥时回望家乡的恋恋不舍之情。整座桥的设计朴素而庄严，一只洁白的鸽子久久地矗立在桥栏的灯柱上，守候着逝去已久的灵魂，守候着来之不易的和平。

↓追忆桥

追忆桥下的雅芳河实在是太美了。河水清澈透明，水草在流水中缓缓漂着，阳光透过清澈的河水照在水草上面，闪闪发亮，河底的小石子也在水中颤动着。水中时不时有野鸭嬉戏，它们顺着缓缓流淌的河水悠悠地漂浮着。水面倒映着两岸的小树、街边五颜六色的房屋，还有几棵参天大树，以及大树枝丫之间露出的湛蓝天空……岸边的草坪湿漉漉的，草坪上有一棵桃树，居然开出了艳丽的桃花。

走过几条大街，街头的一些雕塑引人注目，饶有趣味、富有创意。这从一个侧面反映了基督城人民的乐观、幽默和创造力。

我们来到了著名的坎特伯雷博物馆。在这座有着150多年历史的博物馆中，珍藏着一系列对新西兰独具意义的藏品。一张张图片，一件件实物，把我带入了历史的现场。特别是看到有关毛利人生活的模拟场景，和早期英国移民的图片，我总是忍不住想，如果当初不是英国移民来到这里，现在新西兰会是怎样的呢？

↑坎特伯雷博物馆展品

基督城植物园是一定要去的。这座占地二三十公顷的植物园，拥有各具特色的专类园，如香草园、玫瑰园、蕨类植物园、水景园、岩石园、石楠园等。其中玫瑰园是植物园的中心，据说种植有250多种玫瑰。现在是冬季，我无法看到玫瑰，但我看到园内不少我叫不出名字的花正在开放。让我感到惊喜的是，在这里我又发现了桃花，感觉回到了春天的成都。

是的，这里现在是冬天，但依然有着浓郁的春天气息。园里的喷泉朝着天空潇潇洒洒地喷射着，一串串水珠闪烁着太阳透过参天巨树洒下来的逆光。雅芳河穿园而过，满天彩霞在水面燃烧，岸边成双成对的天鹅卿卿我我，见我走近，它们便跳进河中，缓缓游着，继续谈情说爱。几棵古树拔地而起，耸入云霄，在它们的上空，挂着一轮明亮的月亮，月亮藏在深蓝色的天空中，羞涩地露出半个洁白的脸蛋，含情脉脉地注视着正在一天天复苏的基督城。

纸教堂

早晨起来习惯性地推开窗看天气，金色的彩霞已经在东方的天空露出笑脸。基督城以这样灿烂的笑脸欢送我——今天，是我这次在新西兰旅游的最后一天。

走出旅店，我特意回望了一下我住的小阁楼。蓝天下的白色小屋，玲珑而美丽。这次在新西兰，我基本上都是住民宿。住民宿干净、方便，关键是相对比较便宜——比住酒店当然便宜多了。而且还有机会亲身体验一下住老房子的感觉，比如这座小屋，就是建于 1874 年的老房子。听听这年代——1874 年，浓浓的历史沧桑感，140 多年前哪！

我们再次来到那座临时性的纸教堂，不过我们今天不是为了参观纸教堂，而是冲着教堂后面空地上的 185 把白色椅子来的。在 2011 年 2 月 22 日的那场地震中，基督城共有 185 位遇难者。为了悼念遇难者，人们在这里整整齐齐摆放了 185 把椅子，并把椅子涂成白色。椅子是死者生前坐过的，由他们的亲人提供。旁边的玻璃橱窗里贴着遇难者的名单，我在名单上看到了好几

↓ 185 张白色椅子

个貌似是中国人的名字，心情不由得更加沉重，情不自禁再次看向那 185 把椅子——不，严格地说，椅子的总数不是 185 把，而是 184 把，还有一个是婴儿床！这次遇难者中有一个出生仅 5 周的婴儿。朝阳那明亮强劲的光芒，正洒在每一把椅子上。这白色椅子组成的如仪仗队一般庄严肃穆的方阵，在蓝天下格外醒目，散发着蓬勃的生命气息。

基督城到处都是重建的工地。在一些古典而残缺的建筑旁，往往有铁丝网拦着，里面有挖掘机、起吊机等，还有正在作业的工人。铁丝网外面挂着该建筑地震前的照片。我发现在一些工地旁的残垣断壁上，有许多精美的壁画——注意，是精美的壁画，而不是随意的涂鸦。这些壁画反映了人们某种美好的心愿，或追求的生活情趣。我感慨，即使在灾后重建的工地上，依然洋溢着浓浓的艺术味儿！人们的信心正源于此。

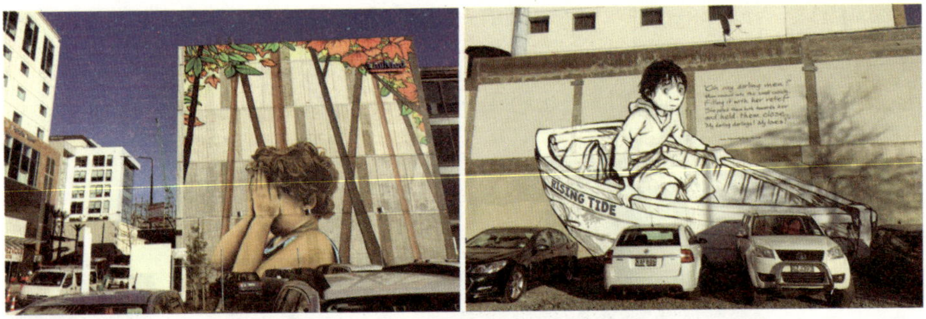

↑精美的壁画

其实，不只是在工地，行走在大街上，随处都可见一些似乎不经意但其实匠心独具的艺术细节：或是高楼的玻璃幕墙上一串“不小心”洒落的调色颜料，或是街头一个抽象的雕塑作品，或是一个别具创意的指路牌。

这个特别的指路牌旁边还有一座黑色的雕塑——一头站在钢琴上的公牛。这样“匪夷所思”的作品，到处皆是。这座艺术中心大楼的外形就是一个巨大的极富后现代艺术风格的雕塑作品。在楼顶最醒目的地方，放置着一个很怪异的雕塑——一只手的两指支撑着，但手背居然是一张人脸！可能很

↑街头创意

少有人知道这是什么，而在这座大楼里面的展馆里有更多的让人“不知道是什么”的作品。我走了进去，参观着里面的藏品，有画作，有雕塑，还有其他造型艺术作品，有说不出是什么东西的“艺术品”。其实，说欣赏谈不上，但我就觉得有趣：一截逼真的香蕉套上一个小环挂在墙上，一个穿红色格子衣服的老人斜坐在椅子上，一只抓着一串珍珠的手“破墙而出”，一个露出一双脚的蚊帐立在大厅中央……说实话，这些作品要表达什么，我说不上来，当然，我也有所想象和猜测，而这“想象”和“猜测”可能正是作者给观赏者提供的创造空间。后来我还调侃道：“所谓‘艺术’，就是看不懂，但有意思。”

中午12点，我们开车前往基督城机场。在机场交还了租的车。交车手续依然非常简单——直接把钥匙交给租车公司的管理人员，便“拜拜”了。然后我们走进机场大厅，办理登机手续。

有朋友问：“每天既要游玩，还要写日记，多累啊！”当时我没回复，因为我不知道说什么。“子非鱼，安知鱼之乐？”你去问问一个迷恋麻将的成都人：“你通宵打麻将，累不累呀？”他会认为你有病，而且病得不轻——明明是快乐，怎么会“累”呢？同样，在我看来，旅游途中写日记是多重享受啊！游历山水，是第一次快乐；写游记等于在脑海中再游了一遍，于是便有了第二次快乐；写完后给朋友们分享，这是第三次快乐。一次旅游，三次快乐，多好！没有这种体验的人，当然觉得“匪夷所思”了。

同样一种生活方式，对你来说是紧张的忙碌，对我来说是闲适的享受。

人生有许多体验，他人是无法感同身受的。当然，“闲适的享受”需要一定条件。我在前文中说过，要追求闲适与简朴的生活态度与方式，这话没错，但只说对了一半，这里我再补充说说。

“闲适”与“简朴”是需要条件的，比如一定的经济基础。但比经济基础更重要的是，要有主动选择生活方式的追求。而现在有不少人是无可奈何地被动接受现实强加给自己的生活——不是选择生活，而是被生活选择。无论是一个人，还是整个人类，追求的终极目标就是自由——自由地思想，自由地生活，自由地选择。具体到一个人，无论你现在多么被动，多么无奈，都不要放弃内心的目标，追求主动而自由的人生。

我知道，给连基本的物质生活都得不到保障的人谈“闲适”与“简朴”，似乎有些故作“深刻”的“矫情”，有些“饱汉不知饿汉饥”的“无病呻吟”。但这至少可以是一种善意的提醒——虽然这提醒可能早了一些，但并非没有必要：一个人，在具备基本的物质生活条件之后，不要继续成为物质的奴隶，而应该努力让自己的心灵纯净一些，轻松一些，豁达一些，自由一些……这应该是可以的吧？

何况有些生活方式，并不是我们想象的那么难以企及，比如旅游。最近几年，我和许多朋友（包括不少普通的一线教师）都选择在假期出国旅游。这当然需要一定的经济条件，但决定我们能够旅游的，却不是“钱”，而是“心”——哪怕身居斗室，心灵的窗户也应该向整个世界打开！我并不是从最近几年“有钱”之后才开始旅游的。我刚工作那会儿，每个月的工资几十元钱，但仍经常外出旅游——我就是想到外面去转转——用多年后很时髦很流行的话说：“世界那么大，我想去看看。”于是，每年暑假我都一个人（结婚后便和我爱人）出去旅游，走遍我能够到达的地方。

我之所以在最近几年喜欢出国旅游，并不是认为国外的风景更美丽，而是因为国内的景点（特别是著名景点）我基本上都已经去过了。正因为如此，我有资格说，就自然风景而言，中外没有优劣高下之分。中国的黄山、九寨沟、张家界……这些自然景色放在全球范围内看，也是令人称奇的，更别说西藏绝景、新疆风情了。除了这些著名的地方，中国那么大，还有许多不那么知名的自然风景一样迷人。比如四川，外地人往往只知道九寨沟、峨眉山、都江堰，最多还听说过四姑娘山、稻城亚丁，那么东拉山大峡谷呢，神木垒呢……估计就鲜为人知了吧？可那里的风景绝不亚于其他作为“世界自然遗产”的景点。我说这些的意思是，不能说国外的风景比中国的美丽，也不能说一出国就是“崇洋媚外”，所有风景都是大自然留给人类共同的遗产，虽然具体的管理者属于不同的国家，但这些风景本身并不只是美国的、法国的、瑞士的、俄罗斯的、澳大利亚的、新西兰的，也不只是中国的，而是属于全人类的，属于这地球上的每一个人的。

当然，我说的还只是自然风光，没包括人文景观。如果说到人文景观，我认为不同国家、不同民族、不同地区不同人文景观的文明价值和审美意义，依然没有优劣高下之分，不能说乐山大佛就比《米洛斯的维纳斯》更艺术，也不能说卢浮宫一定就比故宫更有价值，乔家大院和拉纳克城堡，万里长城和金字塔……都很了不起！所有的人文成果都是各具魅力，交相辉映的。平等善意地互相尊重，发自内心地互相欣赏，虚怀若谷地互相包容，自然而然地互相学习，不知不觉地互相交融……人类的文明就是这样进步的。

对于了解一个国家来说，17 天的新西兰之行连“走马观花”“浮光掠影”都谈不上，所以我没办法也没打算从宏观的角度对中新两国做全方位的比较分析。我只是朴素地认为，看到别人的长处赞美几句，并不是崇洋媚外，多学习别人的优点以发展自己，才是真正的爱国。当然，我们没必要每次去旅行都带着“神圣”而沉重的“爱国使命”，那才真正是太累了。一切顺其自然，不用精心去发现，不用刻意去学习，更不用随时都“想到教育”，当然，如果自然而然“想到教育”也没关系。一切兴之所至，想写就写，不想写只拍照也不错。

随心、率性、快乐、自由……这就是旅游！

广播已经通知登机……

祝福你，基督城！

再见了，新西兰！

多哈风景

你好，多哈

经过8个半小时的航程，我于2017年11月12日当地时间凌晨4点抵达卡塔尔首都多哈，我应邀出席世界创新峰会而来。

卡塔尔是一个小国，以前没太注意，只知道是一个阿拉伯国家，盛产石油和天然气，极其富有。还知道这个只有不到300万人口的国家，足球却很了得，曾举办过2011年亚洲杯足球赛，并获得了2022年第22届世界杯足球赛的举办权。

这里天亮得很早，出机场不久，我从出租车窗内看到，海面上已经腾起一轮火红的太阳。一掠而过的高楼，如一把把长剑，遥指蓝天，其倒影在海面晃荡，这让我想起了纽约的曼哈顿。

在酒店稍作整理，我便出门沿海边散步。国内已是深秋，这里却俨如夏天。我穿着衬衣，背着相机，已经汗流浃背，却看到不少当地人捂得严严实实：男的穿着白色长袍，女的穿着黑色长袍且蒙着面纱。他们看起来神秘，其实对人很友好。我问路时，他们都很热情。

多哈伊斯兰艺术博物馆建在一个小岛上，这个小岛是应博物馆的设计师贝聿铭先生的要求而建，因他不想让博物馆湮没在周边新建建筑中。博物馆占地4.5万平方米，简洁的白色石灰石，以几何式叠加成伊斯兰风格的建筑，中央的穹顶连接起不同的空间，古朴且自然。

这座博物馆收藏着多种多样的艺术品，它们来自世界各地，且深受伊斯

↑多哈伊斯兰艺术博物馆

兰文化的影响。这些跨越 7 世纪到 19 世纪历史天空的艺术品，经常性分批次地安置于展厅内，供游人观赏、瞻仰。

说实话，我对伊斯兰文化了解不多，但这些精美的藏品依然让我心动。

善良文明的卡塔尔民众

长期以来，卡塔尔乃至整个中东地区对我来说是一种遥远的未知，尤其是对于伊斯兰文化，我更感神秘。但我和朋友这次来到多哈最大的清真寺参观，我初步感知了伊斯兰文化，这种感知虽然肤浅，却很具体。

导游是个帅小伙儿，高高的个子，彬彬有礼，给我们介绍伊斯兰文化时始终微笑着。他给我们的一本小册子《认识伊斯兰》上写着："我们致力于传达共有的价值观和高尚的道德标准，同时也呼吁彼此的尊重。""我们已经准备好接触全世界的人们，并与那些倾向于善行与美德的人进行互动交流。"……

我没有宗教信仰，但我真心尊重宗教。在我看来，不同的宗教都是以不同的方式解释这个世界，并引导人们善良。

在卡塔尔，明显感觉到反恐措施的严密。那天在机场入关时，我箱子里面的长焦镜头引起了机场安检人员的高度关注，打开箱子后连剃须刀都看了又看，还有三脚架，也展开并反复检查。不过，整个过程，安检人员非常有礼貌，始终微笑着，结束时还不住道歉。在所住酒店，每次进大堂，我们都要过安检门，所有物品也都得经过安检扫描。这虽然有点麻烦，但住在里面的人更踏实了。那天在一个购物中心，我看到里面的绿色植物特别茂盛，有鲜花，还有人工瀑布，这一切与外面的荒凉沙漠形成鲜明对比。我情不自禁举起了相机，结果马上有保安过来告诉我们，这里不能拍照，因为担心相机是经过伪装的武器。他建议我们去经理办公室办个许可证，便可以拍照了。经过一番周折，我们终于拿到了许可证。不过，我们遇到的保安、经理、营业员、总台工作人员……对我们都非常客气，语气中饱含歉意，好像是他们麻烦了我们，深感对不住我们。

我们参观的一所由卡塔尔基金会建的国家学校，外面是一片荒凉的沙漠，但里面堪称豪华。学校从幼儿园到高中，全部采用 IB 课程[①]。校长介绍的课程和教法，与我参观欧美一些学校和国内一些名校时所见到的课程差不多，课程还是那些课程，理念还是那些理念——兴趣、探究，玩中学、学中玩，尊重个性，等等。如此习以为常的课程设置与教育理念，倒让我生出了一些悲哀：这些早已成为常识的教育理念，为什么在中国许多教育工作者的眼中如此“超前”呢？

参观完毕，我们由国际学校步行至大路边，结果在沙漠的工地上越走越远，走了好几公里最后迷路了。绝望中，我们看到一幢酒店模样的建筑，便走进去打算问问路，结果这又是一所学校。工作人员了解情况后，很热情地帮我们打电话叫出租车，并请我们坐下来慢慢等。

一次迷路的经历，再次让我感受到了卡塔尔普通民众的善良与文明。

---

① IB 课程即国际文凭组织 IBO（International Baccalaureate Organization）为全球学生开设的从幼儿园到大学预科的课程。这些课程为 3~19 岁的学生提供智力、情感、个人发展和社会技能等方面的教育，使其获得学习、工作以及生存于世的各项能力。

教育的挑战

“当今时代充斥着‘后现实’和‘虚假新闻’，人们陷入意识形态、情感和客观调查的拉锯战中。面对逆全球化潮流，教育怎样应对后真相时代的挑战？”这是2017年第八届世界教育创新峰会第一场全体会议提出的问题，也契合了本届世界教育创新峰会第一场全体会议的主题，即“后真相时代的教育”。

卡塔尔莫扎王妃和土耳其第一夫人艾米娜分别致辞。联合国秘书长古特雷斯的特使带来了秘书长的视频致辞，我印象最深的一句是：“教育是最普世的人权。”美国有线电视新闻网(CNN)知名记者扎卡利亚发表主旨演讲，他提出“假真相”这一新说法，并倡议在虚假新闻和虚假信息充斥互联网的时代，应该教会孩子辨别事实真伪。

今年的教育创新奖颁给了一个叫帕特里克·奥瓦的非洲年轻人，他在美国获得博士学位后，回到自己的国家办学。其他几个获奖项目也很令人赞赏，如通过在线模拟程序，创建更高效和更有吸引力的教育模式，推进数学等学科教学发展的PhET互动模拟科学项目；通过智能手机、电视、短信等方式，向数百万非洲儿童提供趣味生动且富有教育性动画节目的Ubongo快乐学习项目；通过创新和协作的学习模式向18～30岁青年提供免费教育的编程学校项目；支持农村女孩完成初中学业，并帮助她们在毕业后回到当地，继续辅导边缘化群体学生，向他们传授生活和工作技能的“学习者向导”项目……

这些项目有三个特点：第一，公益；第二，跨国；第三，创新。遗憾的是，至今还没有中国的教育创新项目获得世界教育创新峰会设置的奖项。

分会场结束后，代表们再次汇聚于主会场，讨论关于终身学习的话题。一位来自美国的专家和美国的教育部副部长以及突尼斯教育部部长分别发表了他们的见解，并和代表们互动。

本届大会有2000多名代表参加，他们分别来自世界近200个国家和地区。

希冀中国教育的声音

上午，加纳总统阿库福—阿多出席峰会并发表演讲。在讲话中，阿库福—阿多反复强调一定要注重贫困地区的教育，让更多的孩子，更多的学龄儿童不因战争和贫困的原因而失去受教育的机会。

阿库福—阿多演讲完毕，主持人请了几位嘉宾讨论难民儿童的教育。由于战争产生了大量的难民，因此对难民儿童的教育成了全世界关注的一个焦点。

从我参加的这次峰会来看，世界教育更加关注贫困地区的教育，用中国的话来说叫“平民教育”，而不是精英教育。因此，无论是欧美发达国家的高端教育，还是中国许多名校“高大上”的教育改革，并不在世界教育创新峰会的重点关注中。此次峰会更注重贫困地区或者说经济欠发达地区的教育，即更关注教育公平。这里所谈的“教育创新”，主要是通过手段的创新、技术的创新、机制的创新等，来保证每一个儿童受教育权利的落实。

这就是为什么国内有影响的名校的教育成果，没有得到此次峰会关注的直接原因。还是我刚才所说，中国现在关注更多的还是精英教育，而非峰会所关注的“国际平民教育”——当然，峰会组织者没有使用这个词。

↓加纳总统在演讲

我又想，如果说以西方教育为主流的国际教育界以往对中国有所忽视的话，那么此次世界教育创新峰会，并不受以欧美为中心话语权的支配，但中国的教育，在这里还是明显被边缘化了。2000 多名代表中，拥有 14 亿人口的中国，仅有 20 多人受邀。中国代表来这里主要是参会，或者干脆说，就是来“打酱油”的。我们的声音并没有出现在此次峰会中，这是为什么？

下午的闭幕式，由 2017 年 WISE 世界教育创新项目奖获得者、加纳阿杜思大学创始人帕特里克·奥瓦发表演讲。他的演讲相当感人、朴实。他谈了自己创办大学的原因和经过。他说，他读高中时曾经想当太空人，后来去美国读大学，其间国内发生政变，他便留在了美国，并进入微软公司工作。随着社会阅历的增长，他经常思考两个问题：“加纳为何贫困？”“我能做些什么？”他原来希望通过微软这个平台、通过现代科技来改变非洲，改变世界。后来，他改变了想法，不满足仅在软件工程方面做些改变，而应该为自己的祖国、为非洲、为世界切切实实做更有意义的事情。做什么呢？他发现年轻人只有读了大学才能参与社会管理，并改变这个社会，改变这个国家。于是他决定辞去微软的工作，告别美国，回到贫困的祖国。他开始利用一间简陋的平房创办大学，其间的艰辛非我们能够想象。2002 年学校正式开学，只有 30 名学生，而现在已经有 900 名学生。他计划 2018 年，学生人数达到 1000 人。他的学生来自全球 20 多个国家，一半是女生。虽然艰难，但他很自豪，他的大学所毕业的学生都参加了工作，成了国家的人才。他说：“教育是创造希望的事业！我们正在改变非洲大陆。我们一定要把美好的未来带给下一代！”

↓帕特里克·奥瓦在演讲

他的演讲不断激起掌声。我再次想到中国的教育，我们中国虽然比加纳富强，但依然需要帕特里克·奥瓦这

样既拥有理想情怀和社会责任感，又脚踏实地苦干的人。其实中国也不缺少这种人。中国曾经有两个项目入围 WISE 世界教育创新项目奖，但最后均未成功。一个是“新教育实验”项目，一个是“一公斤盒子”公益创新项目。

尽管中国教育不是非要靠“国际大奖”来证明自己，但是在这么一个具有影响力的国际教育平台，中国缺失总归是我们国家的遗憾。我期盼着，在不久的将来，中国教育者能够站在世界教育创新峰会的领奖台上，让世界瞩目，为华夏争光。

令人惊叹的美丽

这次在卡塔尔，最深的印象之一是穆斯林妇女优雅而高贵的美丽。

在酒店，在大街，在学校，在集市，在会场……见到许多穆斯林女性，她们都漂亮得令人惊叹。她们戴着头巾，罩着面纱，穿着长袍。但她们都有——至少我还没有发现例外——俊俏的面庞和修长的身材。真的很美。

她们神情娴静、内敛、从容，举止优雅、气质高贵。会议期间她们偶尔交流，都彬彬有礼，极有修养。昨天我参加一个小组的活动，是一个设计体验，要求是做手链。旁边一位穆斯林美女，问我叫什么名字，我写下“LI ZHENXI”。下课时，她把她做好的手链送我，原来她把我的名字的字母编进了手链，我当时特别感动。

↓优雅、高贵、美丽的穆斯林女教师

↑如梦似幻的波斯湾夜景

梦幻多哈

站在波斯湾回望，那一幢幢色彩缤纷而又光怪陆离的高楼，梦幻一般屹立海边。

不同楼的灯光颜色各异，于是，海面便呈现出不同色彩的光柱：红色的、蓝色的、黄色的、紫色的、金色的、橘色的、粉色的……

似乎是微风拂过，本来静静的海面便懒洋洋地掀起了无力的波纹，于是本来排列整齐的色块便在海面上晃荡，而那拔地而起直刺夜幕的大厦，似乎显得摇摇晃晃起来。

我感觉，这是一座泡在油彩颜料里的城市。

远处，海湾沿岸的灯光，把辉煌的曲线拉得长长的、缓缓的，如弓背一般，海面照例颤颤巍巍地闪烁着神秘的光影。遥看一座金黄的塔顶，在夜色下格外晶莹透明，那是多哈著名的清真寺。

一弯蛾眉月挂在深蓝色的苍穹，幽幽的，静静的。细细的残月如一张弓，弓背朝下，弓弦朝上，正蓄势待发；更像一叶扁舟，漂浮在如大海般浩渺而深不可测的夜空，默默地等待着黎明……

日本浅影

向对手学习，是别样的自信与智慧

寒假开始了。

2018 年 2 月 4 日中午，从成都飞大阪，三个多小时便到了，真的是“一衣带水”。这是我第二次来日本，第一站是广岛。

今天参观宫岛。宫岛又称“严岛”，是日本著名三景之一。严岛神社建于公元 593 年，主要祭奉的是日本古传说中的三位海洋女神（宗像三女神），1400 多年来多次修缮，至今完好。神社的神奇之处在于它建在浅海滩上，退潮时整个建筑在陆地，涨潮时便漂浮在海面上。这是日本唯一运用涨潮退潮原理来设计的海上木造建筑物，在世界上也是罕见的。

神社以正殿为中心，分别有客神社、门客神社、大国神社、天神社等各

↓严岛神社外景

↓神社前的大鸟居

殿，还设有朝座屋、高舞台、乐房、能舞台等，还架设了内侍桥、长桥、反桥等，以东西方向约长300米的回廊将其连接起来。包括各神殿以及回廊在内的建筑群的颜色基本呈朱红色，辉煌而壮丽。

神社前方200米处，矗立着一座16米高的大红色建筑，叫大鸟居，和神社一样，随退潮涨潮或在陆地或在海中，是严岛风景区著名的标志。

建于严岛神社东北方的千叠阁，也被称为丰国神社，是日本战国时代风云人物丰臣秀吉为祭奠战殁将士而建造的诵经场所。千叠阁是严岛神社的附属建筑，却是其建筑群中的最大建筑，面积相当于857张“叠”（榻榻米）大小，“千叠阁”之称即来源于此。一代枭雄丰臣秀吉殒命于乱战，千叠阁建造工程也被迫中断。往事不忍成历史，未完成超度亡灵使命的千叠阁空留发亮的地板、粗壮的木柱，诉说着尘封已久的故事。

千叠阁旁另有高达27米、混合了日本和中国两种建筑样式的红色五重塔等，它们都已被指定为重要文化遗产。女儿对日本历史比我熟悉，她看过许多有关日本文化的书。漫步于神社，她给我讲着日本战国“三英杰”织田信长、丰臣秀吉、德川家康的往事。从成都出发时，查到大阪的天气和成都差不多，可没想到今天这么冷。但蓝天白云，让冲出成都的层层雾霾的我感到格外舒畅。气温虽低，却阳光明媚；更令人惊叹的是，明媚的阳光下，居然飘着纷纷大雪。阳光与雪花共舞，我还是第一次看到这样的奇景。

让我感慨的，还有其人文环境——日本人表现出来的文明素养。大街小巷，目之所及，洁净无比。乘坐公交车、新干线和轮船，均可看见人们安静地排队，没有喧闹，更没有拥挤。无论是在火车站、商店还是宾馆，所有人都面带微笑，点头鞠躬。

↓千叠阁粗壮的木柱诉说着尘封的往事

一个国家的文明并不只是体现在电影、电视、演出、体育赛事等方面，更体现在日常生活中。比如日本的厕所——哪怕是一个偏僻路边的小厕所，进去以后也干净得让人吃惊，手纸是不用担心的（这让我想到在国内，进公共厕所之前“理所当然”地要带上纸）；马桶坐垫圈的温度刚好适宜于人体皮肤的舒适度，让人感到很贴心。还有一些细节，更是贴心得不可思议。比如有的厕所有一种装置，是用来发出音乐或流水声的——干吗用的？当你在方便时，难免会产生不雅的响声，只要按一下那个装置，优雅的音乐便盖住了尴尬的响声。在我看来，这种体贴入微的发明，对人类的意义不亚于航天飞船。

“你可以不喜欢日本人，但你要知道我们和他们的差距有多大。”这是我多次对学生说过的话。这个“差距”，显然不仅仅表现在经济、科技、教育等方面。如果我们不承认这一点，不努力提升中华民族每一个成员的文明素养，就算将来中国在物质文明方面真正强大了，世界其他民族还是会看不起中国人的。一个民族的自信与智慧，有时候恰恰体现在勇于并善于向自己的对手学习。我至今坚持这个观点。

站在广岛原子弹爆炸中心点的随想

欢乐消逝于核爆

提起广岛，我首先想到的是，那是世界上第一个被原子弹毁灭的城市。而此刻，我正站在 70 多年前原子弹爆炸的中心区域。

1945 年的那颗原子弹破坏力巨大[①]，几乎将广岛夷为平地，但也有“幸存者”，比如我们眼前这座原子弹爆炸后保存下来的唯一遗址——原子弹爆炸圆顶屋。虽然是“残骸”，但其基本骨架还算完好。这座圆顶屋，原本是广岛的产业奖励馆。它的残垣断壁，骷髅般的主体框架，依然诉说着那一瞬间可怕的威力，震撼着今天的我们。

当年那一刻，没有在爆炸中心或周围的人，就算是暂时躲过了直接的瞬间毁灭，也没躲过随之而来的黑色的雨——原子弹爆炸产生巨大的蘑菇云，

① 原子弹爆炸后威力巨大。以投掷到广岛的原子弹“小男孩”为例：其核裂变释放的能量产生的冲击波导致的风速是每秒 200 米，在不足 10 秒内摧毁了整座城市 60% 以上的建筑物；产生的热辐射使得爆炸中心温度达到 6000 摄氏度，附近的房屋瓦片等纷纷“起泡”，木质房屋达到着火点自燃。

↑原子弹爆炸圆顶屋

蘑菇云里含有大量核辐射尘。这些核辐射尘和云中的水汽混合在一起，形成了黑色的雨。这种雨具有高放射性，污染了河流，而当时因口渴饮入这些雨水的难民，多数即在数日内死亡。

许多身处原子弹爆炸中心的人，瞬间被气化、蒸发。特别是一些孩子，昨天还欢声笑语，今天便尸骨无存……

触目惊心的细节

↓原子弹爆炸前快乐的孩子们

我在和平纪念资料馆看到的有关这次原子弹爆炸的图片、实物，真让人触目惊心。熟习英语、日语和韩语的女儿帮我翻译说明文字，一些细节令我震撼，更让我难受。

这有一辆被扭曲的儿童三

↑被扭曲的童车与它的主人

↑拼凑成的残破校服

轮车，旁边是一对姐弟的照片。小三轮车的主人便是图片中这个3岁11个月的小男孩。原子弹爆炸的当天早晨，小男孩在自家门前骑三轮车玩耍，突然天空中闪过白光，瞬间小男孩便和三轮车一起被烧着了……当时小男孩的父亲想到孩子一个人埋在地下太孤独，便将孩子和三轮车一起埋在庭院里。40年后的1985年夏天，父亲才将其遗骨挖出来，正式安葬于墓地，将这辆三轮车捐给了资料馆。

还有一套残破的校服，旁边是三个年龄分别为12岁、13岁、14岁的男孩的照片，他们都是广岛市立中学的初一、初二学生。1945年8月6日上午，学生们正在上课，原子弹突然爆炸，大量学生死亡。孩子们的遗体均残缺不全，这套校服是这三个学生身上的衣服碎片拼凑在一起的。

一个孩子是在广岛火车站遭遇原子弹爆炸的，全身烧伤被送进医院。他爸爸和妈妈在爆炸当天就死了，妹妹在爆炸后失踪了。在医院，他说家里还有个小弟弟，他想回去照顾弟弟。9月23日，他也离开了人世。孩子死前不停地喊“妈妈”，还说：“我想死在我爸爸的身边。”

还有一个叫石崎睦子的小姑娘的日记本，原子弹爆炸前一天的日记这样写道——

星期天　8月5日　晴

5点起床，9点睡觉，学习2小时30分。

今天的家务事是打扫。下午，我和小溪一起去游泳，看到大家都游得很好，可我不会游，我觉得很羞耻，但今天是很美好的一天，我要继续日行一善。

可是，第二天小姑娘还没来得及日行一善，便在原子弹爆炸中死去了。

…………

馆里还有许多照片，上面是伤痕累累甚至体无完肤的受害者的形象。我实在不忍心看。

面对这些可怜的生命，人们不禁会追问：究竟是谁导演了这场巨大的悲剧？究竟是谁制造了这场灾难？

要记住历史，不要记住仇恨

1995年8月6日，当年在广岛扔下原子弹的美军飞行员发表演讲，旗帜鲜明地说："我不后悔投掷原子弹！"

他说——

日本作为一个国家，认为自己命中注定要统治亚洲，并由此据有亚洲的自然资源和广袤土地。未有丝毫的怜悯和犹豫，日本屠杀无辜的男人、女人和孩子。在惨绝人寰的南京大屠杀中，30万手无寸铁的平民被屠杀。这是犯罪。这是事实。

…………

《波茨坦公告》要求日本无条件投降。日本人认为这是荒唐可笑而不屑考虑的。我们从截获的密码得知，日本打算拖延时间，争取以可接受的条件谈判投降。在8月6日之前的几个月里，美国飞机开始轰炸日本本土，一个个日本城市化为火海，成千上万的日本人死去。但日军发誓决不投降。他们准备牺牲自己的人民，以换取他们所理解的光荣和荣誉——不管死多少人。

…………

50年过去了，在某些人看来日本成为受害者，美军成为凶残成性的征服者和报复者；原子弹的使用是核时代的不正义、不道德的起点。自然，为了支撑这种歪曲，他们必然要故意无视事实或者编造新的材料以证明这种论调。其中最令人吃惊的行径之一，就是否认日军曾进行过大屠杀。

…………

我曾听到另一种说法，称我们应该与日本谈判，达成一个日本可以接受的有条件投降。

我从来没听任何人提出过与法西斯德国谈判投降。这是一个疯狂的念头，任何有理性的人都不会说出这样的话。与这样一个邪恶的法西斯魔鬼谈判，就是承认其合法性，即使是已经在事实上打败了它。这并不是那个时代空洞的哲学上的原则，而是人类的正义要求，必须彻底、干净地铲除法西斯恶魔的势力，必须粉碎这些邪恶的力量。法西斯的领导者已经无情地打碎了外交的信誉。

…………

像在任何一场战争中一样，我们的目标——理所当然的目标——是胜利。这是一个不可动摇的目标。

我不想否认双方死了许多人，不仅两国，而且是世界。我不为战争的残酷性而骄傲而欢乐，我不希望我国或敌国的人民受难。每一个生命都是宝贵的，但我的确认为这样一个问题应该去问日本战犯，是他们以日本人民为代价追求自身的辉煌。他们发动了战争，并拒绝停止战争。难道他们不应为所有的苦难、为日本的灾难负最终的责任吗？

也许如果日本人真切地了解过去，认清他们国家在战争中的责任，他们将会看到是日本战犯要负起战争的罪责。日本人民应该给远东人民一个答复，是谁把灾难强加给远东各国，最后强加给日本自己。当然如果我们与日本人一道抹煞历史的真相，那么这一点是永远也做不到的。

…………

（引文来自新华网）

遗憾的是，查尔斯·斯威尼演讲中所希望的“日本人民应该给远东人民一个答复”，在这个资料馆完全看不到。可能至今还有许多日本老百姓认为，是美国人而不是他们当年的天皇以及军国主义者给他们带来了灾难。而唯一正确的答案应该是，也只能是——

包括裕仁天皇在内的日本战犯夺去了千千万万日本国民的生命，包括那位 3 岁男孩的生命，夺去了那三位初中生的生命，夺去了河边那一群日本民众的生命，夺去了写下 1945 年 8 月 5 日日记并打算第二天继续日行一善的女学生的生命……

一群孩子来到资料馆参观，天真烂漫的他们也穿着校服；可他们比已经在 70 多年前遇难的展厅照片上穿着校服的孩子幸运。我希望他们也能明白我上面说的道理。

资料馆里的留言簿上，有一则韩国朋友的留言。听了女儿的翻译，我觉得这位韩国朋友说得太好了——

> 我们为广岛死难者痛心，更希望日本正视自己作为战争加害国的历史，共同祈祷世界和平。不论如何，想到每一个具体死去的人在那一刻的经历，还是很残酷……

“想到每一个具体死去的人在那一刻的经历，还是很残酷”这句话，让我想到了中国人民在那场战争中生灵涂炭，想到了惨绝人寰的南京大屠杀……千千万万的中国老百姓在中华民族到了最危险的时候，为了不亡国灭种而奋起反抗，拿起武器和打到家里的日本侵略者殊死抗争——我爷爷当年也是那浩浩荡荡抗日阵列中的一员。我为此自豪。

“要记住历史，不要记住仇恨。”离开广岛原子弹爆炸中心，我想起了南京大屠杀幸存者李秀英说过的这句话。我也希望日本人民“不要记住仇恨”，但一定“要记住历史”——尤其是他们的先辈制造的、曾经给包括日本人民在内的千千万万无辜的人造成深重灾难的罪恶历史。

如诗如画，如梦如幻

——日本风景散记

新宿御苑

新宿御苑最早是皇家庭院，现在是东京最大的日式庭园和法式庭园相结合的公园，相当于纽约的中央公园。

虽然是冬天，但古木参天，郁郁葱葱。当然也有些树木落叶了，网状的枯枝伸向天空，如一首首苍劲的诗；而参差枯枝的缝隙间，是蓝得透明的天

↑新宿御苑——皇家的后花园

↓东京晴空塔

空，些许白云正悠闲地缓缓流过。

湖水静谧。湖边有一棵树，树的倒影和树的实体呈现有趣的对称。我想起了泰戈尔的一首短诗：“根是地下的枝，枝是空中的根。”

大朵的云彩倒映在碧绿的湖水中，本来镜面般光滑的水面，似乎因掠过的云彩而微微晃动起来，粼粼波光把蓝天的倒影都揉碎了，本来漂浮在水面的树枝也颤动起来。

亭阁的顶部残留着晶莹的积雪，和天上的白云遥相呼应。是天上的白云落在了亭阁，还是亭阁的积雪飘上了天空？

——永远是个谜。

晴空塔上

站在东京市区，远远看到晴空下的东京晴空塔，感觉是从鳞次栉比的高楼群中穿破而出，直刺蓝天。等到我登上晴空塔最高处，才真正感觉到了什么叫“君临天下”。

晴空塔的高度为634米，仅次于迪拜828米高的哈利法塔。东京晴空塔的建造目的，是减少东京市中心内高楼林立而造成的电波传输障碍。建成后，它也成了热门的观光景点之一。

穿行在东京街头，感觉四面都

是遮天蔽日的高楼，但站在塔上，整个东京市区尽收眼底，所有密密麻麻的楼房全成了搭建的积木。从眼前到天边，目光所及全是高楼。

日落时分，夕阳将柔和的光芒洒在东京城上，于是远远近近、高高低低的楼房都被镀上了一层金色。

远方，血红的太阳正吻着富士山朦胧的轮廓，缓缓下沉……

金阁寺

尽管我见过许多金碧辉煌的亭台楼阁，但第一眼看到金阁寺时，还是被惊艳至极的它震撼了。

湛蓝的天空没有一丝云彩，于是天空之下的金阁寺就显得格外突出而耀眼。它矗立水边，但更像浮在碧波之上的船。

金阁寺是三层楼阁状建筑，层层风格不同。一楼延续了当初平安时代的贵族建筑风格，二楼是镰仓时期的武士建筑风格，三楼则为中国唐朝的禅宗

↓犹如浮在碧波上的金阁寺

佛殿建筑风格。三种不同时代不同的风格，却能统一协调于金阁寺，这是它的精妙所在。

水面如镜，连金阁寺的倒影也几乎没有波纹。湖水中间点缀着三两小岛，岛上松枝挺立，宛如盆景。从不同的角度看，金阁寺或屹立于蓝天之下，或漂浮于碧水之上，或掩映于松叶之间，如诗如画，如梦如幻……

枯山水

龙安寺始建于1450年，曾一度毁于战火，重建于1499年，自那以来500多年，这里一直是一座幽静的禅寺。1994年被列为世界文化遗产。

这里的“文化遗产”指的是龙安寺的枯山水石庭，它是日本庭园抽象美的代表。这个石庭简单却极富妙趣：在东西长约25米、南北长约10米的长方形院子里，没有一树一草，更没有一滴水，仅靠15块石头和满地白砂，构成了一个抽象而意趣无穷的世界。但这个世界不是纯客观的，而是借助参观者的心境与冥想共同完成的。

枯山水是日本著名的园林艺术。精巧、细致，注重景观形式的象征和心里的感受，枯山水用石块象征山峦，用白沙象征湖海，用线条表示水纹，如一幅留白的山水画卷。在其特有的环境气氛中，因其无水而喻水，因无山无水而得名。石块、白砂、苔藓……看似简洁，却极富深意。

你可以将这样一个庭园理解为河流中的岩石，或传说中的神秘小岛。它对组群、平衡、运动和韵律等充分权衡，其总体布局相对协调，据说每一个组群之间的距离都是经过计算的，而且无论从哪个角度看，都不可能把岩石一览无余，总会有遮掩；稍微移动某一块石，便会破坏该庭园的整体效果。

↓日本园林景观样式——枯山水

在修行者眼里它们就

是海洋、山脉、岛屿、瀑布，一沙一世界，它们是精神园林。每天早晨，修行者都要重新将满院白砂耙一遍，随着心情的不同，耙出的细纹也有微妙的变化。

欣赏枯山水，与其说需要“看”，不如说需要“想”。许多到这里来的人，会情不自禁坐在旁边，闭上眼睛，脑海里便呈现出各自精妙的大千世界……

中国的美学泰斗朱光潜在其《给青年的十二封信》中写道：“美术作品价值的高低，就看它能否借极少量的现实世界的帮助，创造极大量的理想世界出来。”

枯山水石庭正是如此。

富士山

刚下火车，回头想再瞥一眼古朴而简洁的小火车站，却被火车站屋顶上的富士山惊呆了——阳光下，富士山头顶两顶重叠的斗笠，下面一顶斗笠稳稳地戴在富士山头上，另一斗笠则有些偏低覆盖于上，似乎随时会被狂风吹走。后来得知，这种云在日语中叫“笠云”。

↓富士山顶上美丽的“笠云”

我为能看到富士山的奇景而惊喜，没想到还有惊喜等着我。第二天早晨起来，我来到酒店楼顶的平台上，富士山上方的天幕上正飘浮着几片形状奇特的云，其中最上面的云团如同一把巨大的扇子，正在扇着富士山顶已经冒烟的火——是的，此刻的富士山顶如同一个烟囱，那拖曳着的白云不正像长长的炊烟吗？

下午，我来到湖边，眼前的景色极有层次。近处，芦苇在微风中轻轻摇曳，芦苇前面是静静的蓝色湖面，远方的富士山正“怒发冲冠”——头顶的一簇白云正在翻飞；过了一会儿，白云飘走了，一览无余的富士山在阳光下舒展着自己美丽的躯体，享受着微风的亲吻和芦苇的抚摸……

姬路城

刚走出火车站，远方一座白色的高塔在阳光下格外耀眼。女儿说，那就是我们要去游览的姬路城天守阁。

姬路城不是一座城，而是一座古城堡。它还有一个美丽的别称，叫白鹭

↓远观姬路城天守阁

城，因为其白色外墙和蜿蜒的屋檐造型犹如展翅欲飞的白鹭。

姬路城位于日本兵库县姬路市的一座山上——说是山，其实海拔只有40多米，但由于其周围都比较平坦，雄踞于上面的姬路城天守阁便有巍峨的感觉。它最早建成于1346年，但现存建筑大多建于17世纪早期。它拥有高度发达的防御系统和精巧的防护装置，正是由于其保存完好的建筑物和外围工事体现了日本城堡建筑的精致和战略防御技能，姬路城被列为世界文化遗产。

据资料介绍："姬路城天守阁属于连立式天守阁，由大天守阁和三座小天守阁组成。"按我的理解，就是大屋套小屋，层层叠叠，地下一层、地上六层共七层建筑，各层之间仅用两根木柱（长25米，最大直径95厘米）贯穿其间，便支撑勾连起了整个天守阁。此外，据说在柱梁结构、回廊乃至屋顶等方面，姬路城天守阁都有着独具匠心的设计和富于美感的创新。难怪我第一眼看见它，就被它精美的造型和非凡的气势所震撼了。

但当初修建姬路城并不是给几百年后的人观赏的，它具有实用强大的防御功能。姬路城作为日本幕府时代的一座藩国领主卫城，代表着江户时代日本最高的造城技术。姬路城的结构严密，固若金汤，周围筑有壕沟城池，石垣和城壁固守着城堡。同时，各个城郭区域或各条通道之间均有石垣和城壁相隔，墙壁上有称为"狭间"的孔洞，用于放置铁炮和弓箭，使外敌不可能轻易进入。据说，姬路城修好后，虽经历多次激战，但从来没有被攻破过。

女儿给我看一本专门写日本战国时代人与事的书《时间的滋味》，上面对姬路城历经战乱而不倒的奇迹，有这样的评价——

> 近四百年来，姬路城经历了幕末时期的内战、明治时代的"废城令"、二战美军轰炸，却都奇迹般地度过灭城危机，因此又被称为"不战城"。尤其是1945年7月3日的姬路大轰炸，当时整个城下町全化为灰烬，只有姬路城依然耸立。据说当姬路城市民在焦土中抬头看到天守阁时，大多数人都情不自禁扑簌落泪。

并非当时美军没有朝姬路城扔炸弹，事实上，姬路城的天守阁和西之丸都中弹了，但恰巧全都没爆炸——真的是天佑姬路城。这不能不说是奇迹中的奇迹！

今天的姬路城早已失去了军事上的功能，唯有建筑学的研究价值和审美意义。它四周是一大片一大片的樱花树。可以想见，如果春天到来，樱花掩映的天守阁会是怎样的景致。不过，此刻的天守阁好像矗立在蓝天之上的云端，如琼楼玉宇一般缥缈而典雅。我离开姬路城很远了，回头看远处的天守阁，几朵白云缓缓飘过它的身旁和头顶，恍惚间，我感觉不是云在流，而是天守阁在动。蓝天如大海辽阔，秀丽的天守阁如同一艘扬帆的船，正缓缓行驶在无垠的大海上……

明治神宫

我们经常在媒体上看到中国政府抗议日本首相参拜靖国神社，听得多了，对“神社”二字便产生了反感，进而将“神社”和“靖国神社”完全混为一谈。这里，我试着将二者的区别说说。

神社，是崇奉与祭祀神道教中各神灵的社屋，是日本宗教建筑中最古老的类型。由于神道教与日本人民生活密切联系，神社十分普遍。而靖国神社特指位于日本东京都千代田区九段北的神社，供奉着自明治维新时期以来为日本战死的军人及军属，大多数是在日本侵华战争及太平洋战争中阵亡的日军官兵。前者是日本普遍的祭祀神灵的场所，一般不祭奠具体的逝者（当然也不绝对，但一般是这样的）；后者则是纪念包括二战在内的日本阵亡的军人。

但如果是祭祀皇室祖先的神社，就叫神宫。比如我这次去参观的明治神宫，供奉的就是明治天皇和昭宪皇太后，是日本神道教的重要神社。神宫地处东京市中心，占地 70 公顷，是东京市中心最大的一块绿地。神宫于 1915 年开工， 1920 年竣工，首日参拜者总数达 50 万人。2016 年新年期间，明治神宫的参拜人数约达 316 万，居东京第 1 位。由此可见明治天皇在日本人心中的崇高威望。

神宫内有南、北、西三条参道，参道两旁巨树参天、野鸟飞鸣。这是一片人工林，据说创建当初，为实现百年后形成自然林的目标，当时的学者就植树对象展开了讨论，最终根据东京的气候环境条件，采用了以椎树、橡树等常绿阔叶树为主的方案。目前，树木种类由当初的 365 种减少到 247 种，

↑明治神宫里的大鸟居

数量由 12 万株增加到 17 万株，林区仅用 50 年就提前达成目标，进入自然林状态，受到世界瞩目。

通过大鸟居进入本殿，这是一幢带有浓郁日本建筑风格的大殿，殿内气氛庄严。来参拜的人不多，到这里的人大多数是游客。有两棵比邻而立的楠树，叫“夫妇楠”，以注连绳相连接，被视为神木。夫妇楠既象征明治天皇和昭宪皇太后夫妇的感情深厚，又象征广义上的夫妻感情和睦。

快走出明治神宫时，我在参道旁看到一块巨大的宣告牌，上面写着“纪念明治维新一百五十周年”的大字。

我心里默算了一下：1868 年到 2018 年，果真 150 周年！对于日本来说，明治维新的确是应该隆重纪念的，因为正是 150 年前，少年天皇的一系列维新举措，实行明治维新，将日本带上了通往现代化的道路，使日本迅速成为工业化强国，当然，也走上了军国主义扩张的道路，为 20 世纪一系列灾难埋下了隐患。但站在日本的角度，明治天皇无疑是有开创性贡献的人。

我不禁产生联想，日本和中国几乎是同时被西方列强打开大门的。就像 1840 年鸦片战争后，中国不得不在西方列强坚船利炮的威胁下签下一系列不平等条约一样，日本也于1854年，在以美国为首的西方资本主义列强的强迫下签订了不平等条约。但同是被西方叩开大门，中国沦为半封建半殖民地，而日本却顺应世界潮流，发展自己，走上了强国之路。这是为什么？当然，要说清这个问题，将是另一篇文章的使命了。

但我愿意再次重申几天前我在“镇西茶馆”说过的那句招来个别人谩骂的话——

一个民族的自信与智慧，有时候恰恰体现在勇于并善于向自己的对手学习。

想起了聂耳、周恩来……

在日本古都镰仓，有很多景点给我留下了深刻印象：散发着川端康成、三岛由纪夫等世界大师级作家气息的镰仓文学馆，高德院的镰仓大佛，还有穿过山洞又穿过老街的古典火车，更有不断被一代又一代青年人模仿的《灌篮高手》主人公隔着湛蓝的七里滨和湘南海岸的景色，留下青春而潇洒背影的人气铁道路线江之电上的镰仓高校前站……

但最能激荡我心情的，是在江之岛上看到大海——其实，江之岛已经不属于镰仓市管辖，而是藤泽市的辖区，但因为两个市几乎连成一片，所以好多人都以为江之岛是镰仓的。我站在岛上灯塔的最高处，强劲的海风吹得我几乎站不住，我死死抓住栏杆，俯瞰海景，心里也翻卷着激动的浪花。

东边可以看到城市的全貌，高低错落的楼房懒洋洋地躺在海边，正沐浴在金色的余晖中；长长的海岸柔美地画出一道迷人的弧线，层层白色的浪花舒缓地渐次涌向岸边，亲吻着城市；西边，海浪不断撞击着礁石，反弹到空中，飞花溅玉，“惊涛拍岸，卷起千堆雪”；海天交接处，是延绵起伏的山脉，富士山披着金色的光芒，静默而稳重。

我走下灯塔来到海边，想近距离拍落日。我突然看到灯塔的基座附近立着一块牌子，上面用中日两种语言说明藤泽市和昆明市已经缔结为友好城市，而缘由为当年聂耳正是在藤泽市海滨游泳时不幸溺水身亡。我一下子肃然起来，眼前浮现出聂耳那年轻英俊的脸庞。1935年4月，打算途经日本赴欧洲和苏联考察学习的聂耳，在日本待了3个月，7月在海滨游泳时遭遇不幸而离世，年仅23岁。

夕阳在缓缓下沉，染红了西边的天空，满天的绚丽云朵正在绽放，又似飞翔，我想到了聂耳年轻的生命；晶莹的浪花继续拍打着礁石，发出巨大的轰鸣，我想到了《义勇军进行曲》——这是聂耳生命的绝唱，也是他生命的延续——他因此而不朽。

岚山，是京都郊外著名的风景区。优雅别致的渡月桥、遮天蔽日的竹林小道、世界文化遗产天龙寺……都在岚山附近。但龟山公园一处不起眼的诗碑，引起了我的兴趣，我特意按照地图所标记的线路，在半山腰找到了它——周恩来诗碑。

20世纪70年代末，日本部分日中友好团体发起筹建周恩来诗碑的倡议，以纪念他为中日友好事业做出的贡献，于是岚山便多了一处景致。

眼前的诗碑朴实无华，完全没有一般意义上的纪念碑的“高大上”，它仅由基座和本体两部分组成。基座由数块未经丝毫打磨的大石头砌成，而石头与石头之间似乎也未使用任何黏合材料。诗碑本体也是未经打磨的一整块赭石色鞍马石，正面镌刻着由廖承志书写的《雨中岚山》全诗，背面是诗碑筹建发起人名单。

1919年4月5日，留学日本的周恩来游览岚山时，写下了《雨中岚山》一诗——

雨中二次游岚山
两岸苍松
夹着几株樱
到尽处
突见一山高
流出泉水绿如许
绕石照人
潇潇雨雾蒙浓
一线阳光穿云出
愈见娇妍
人间的万象真理

愈求愈模糊
模糊中偶然见着一点光明
真愈觉娇妍

周恩来
1919 年 4 月 5 日

这是青年周恩来游岚山时的即兴之作。他借景生情，抒发了追求真理的信念。“两岸苍松，夹着几株樱”，这是他当时所见，可惜现在不是时候，我无法欣赏苍松夹樱的美景，但我可以从这寥寥数语中想见春来樱花的“娇妍”；我还联想到当年在日本的鲁迅也曾在其散文《藤野先生》中写过他眼中的樱花：“上野的樱花烂熳的时节，望去确也象绯红的轻云。”

英杰已去，文字犹在。我只好在想象中体验“娇妍”与“绯红的轻云”了。

今天的我却想到，就在周恩来写这首诗的 25 年前，即 1894 年，中日爆发了甲午海战，此役最后以中国的惨败、北洋水师的全军覆灭而告终。整个

↓周恩来诗碑

中华民族因此蒙受奇耻大辱，并感到了空前的民族危机。然而，恰恰是那一代有志有识之士——除了周恩来和鲁迅，还有后来成为国共两党重要人物的孙中山、陈独秀、李大钊、蒋介石、李达、李汉俊、董必武、何应钦、白崇禧等人，他们东渡日本，向刚刚给自己国家以沉重打击的敌国学习，这是怎样的胸襟、怎样的远见？

若是在今天，聂耳等人如此“亲日”，很可能会被一些人骂为“汉奸”；学习之余，他们还游览欣赏日本的自然风景，写下赞美的诗文，这事放在今天，估计又会被一些“爱国者”质疑：“中国那么大，世界那么大，为什么要欣赏日本的风景呢？”

然而，谱写出《义勇军进行曲》这样的抗日号角般激越豪迈旋律的聂耳、1936 年 12 月代表中共去西安同蒋介石谈判最后促成国共联合抗日的周恩来，还有我上面列举的那么多的中国现代名人，后来都成为抗日阵营中坚定不屈的中坚，他们当初主动和日本交往、向敌人学习，恰恰证明了他们才是真正的爱国者！

这，难道不值得今天某些号称“爱国”的同胞深思吗？

与其说是学习日本，不如说是靠近文明
——生活细节现素养

我们这次去日本住民宿，一进门就有换鞋的小空间，换了拖鞋再进入屋内；在屋内的客厅、厨房、卧室、洗手间，都要换不同的拖鞋。当然不是每处民宿都讲究得这么细，但所有的民宿进屋都得换鞋，这是必须的。

还有更让我吃惊的。那天去游览一个寺院，这是一个规模宏大的唐代建筑群。按规定，踏入大殿必须脱鞋，然后换上他们准备好的拖鞋，以防参观者把土带进大殿。进去以后，我临时想上洗手间。进入洗手间，我简直惊呆了——便池旁整整齐齐放着一排木制拖鞋，每个便池旁放一双；单间里的马桶旁也放着一双木制拖鞋。

他们的垃圾分类也让我目瞪口呆。在国内，能够做到将垃圾分为可回收物和不可回收物就已经不错了。但在日本，同样是废纸，干净的废纸和

弄脏的废纸是不能混装的。喝了矿泉水，不能简单地把空瓶子扔进垃圾篓，而必须一分为三：瓶盖放一个地方，瓶子放一个地方，环绕瓶子腰身贴着的标签得取下来（不是撕下来）放在一个地方。我觉得真麻烦，可人家很自然。

↑在站台帮我捡起镜头盖的工作人员

在火车站站台，我的相机镜头盖不小心掉在地上，滚了几圈落在了下面的铁轨边。来回不时有火车开过，我当时想：算了，回国重买一个就是了。可当一位穿制服的火车司机看到后，马上帮我联系专业人员。不一会儿，几位穿着类似中国消防服的人来了，当时有一辆车进站了，他们便站在站台上等，十几分钟后火车开出。一位专业人员迅速跳下去，很快拾起那个镜头盖，然后又攀爬上来，交给我。我向他们表示感谢，他们却向我点头鞠躬，不停地说："对不起，让您久等了！"我上了火车，透过车窗看他们橘红色的工作服渐渐远去。

在车站有许多电动扶梯，无论多么拥挤，人群一旦到了扶梯前，便自动化作涓涓细流，站立者一律很自觉地靠左或靠右——在日本不同的城市靠左或靠右是不同的，我也不清楚为什么会这样；而另一侧空出来让急行者通行。在所有车站或有扶梯的地方都是如此，我没有发现例外。

和"扶梯秩序"类似的，是日本人的"排队现象"，咖啡店里、公交车旁、地铁门前……排队随处可见。特别让我感慨的是电梯或地铁门前的队列，一律在门的两旁候着，门一开，排队的人静静地等着里面的人出来，然后再有序上去，从没见过谁从中间挤进去。

面对文化遗产的思考

日本的文化遗产特别多，其中有不少都是寺院。这次我逛了许多寺院，让我惊讶的是，这些上千年的寺院保存得非常完好，而且保留着最初的建制与体例，比如，一般来说寺院都有很大的庭院。但在国内，我们去一些著名的寺院，往往有寺无院，只有一个寺庙或大殿。比如成都的大慈寺，据说原来其面积相当于成都市的三分之一，而现在就那么几间屋子。女儿说，现在在中国已经很难找到完整的唐代建筑了，要看原汁原味的中国唐代建筑得到日本来看。

的确，从文化上说，日本从中国学去的东西太多，不光是建筑和园林，还有我们熟知的茶道、棋艺、书法、漆器、乐器、三国文化等，数不胜数。虽然这些都源于中国，可日本在很多方面却比中国保护和发扬得好。

一直想“脱亚入欧”的日本，在政治、经济、科技等方面“西化”得很厉害，但奇怪的是，另一方面他们的传统文化却被保护得这么好。

↓保留唐代建筑风格的日本寺院

十多年前我第一次到日本，发现满街都是汉字。这次来也一样，“东京”“奈良”“京都”“进入”“洗手”“岚山”“天龙寺”“重庆府”“家乡味道”“四川料理”“文化遗产”……我还以为是日本人为方便中国游客而特意翻译的。女儿说：“这都不是中文，而是日语，只不过里面有汉字。”我第一次知道原来“汉字”并不等于“中文”。这些汉字表达的意思有的和中文一样，比如地名，但读音绝对不同；还有一些汉字，完全不能望文生义，比如“油断”，不是没有油了，而是粗枝大叶、麻痹大意的意思。据说，也有日本人曾经想将汉字从日语中剔除，但真做到了那样，就没有日语了。

说实话，看到日语中那么多的汉字，包括我在内的许多中国人最初的感觉都是情不自禁地自豪。但其实，我们中文中也有不少日语词呢——不对，还不是“不少”，而是“相当多”！有人统计过，我们中国人今天使用的人文社科方面的名词术语，有 70% 是从日本输入的，这些都是日本人对西方相应词语的翻译，传入中国后便在汉语中牢牢扎根，牢到连我们自己都不知道这些词原来是来自日本，比如服务、组织、纪律、革命、政治、政府、方针、干部、文学……上海外国语大学教授陈生保 1996 年曾撰文指出，“共产党干部指导社会主义市场经济”这句话完全是日语外来语组成。连“共产党”这个词都来自日本！换句话说，如果不用这些日本外来语，这句话就没法说了。

说日语中有许多汉字、汉语中有许多日本外来词，并非要争一个文化上的输赢，而是想说，文化原本就是用来交流交融的，无论中日文化，还是东西方文化，在互相学习借鉴的历史长河中，往往你中有我，我中有你。所以前几天我一个朋友提出“文化主权”的概念时，我坦率地对他说“这个概念不妥”。具体的文化成果是有首创权或发源地的，比如汉字和英文，比如春节和圣诞，比如兵马俑和金字塔……但这些文化成果一旦问世，就会被不同国家不同民族在不同时代分享和交流，并在分享和交流中向前发展。这与强调保护和发扬传统文化一点都不矛盾，所谓“越是民族的就越是世界的”。人类文化发展的辩证法正在于此。

菊与刀——日本人的精神

我认为，迄今为止对日本民族的文化与性格分析得最透彻的是一个美国人写的《菊与刀》，这本书可能有朋友已经读过了。作者是这么评价日本人的：日本人既天生好斗而又温和谦让，既穷兵黩武而又崇尚美感，既桀骜自大而又彬彬有礼，既顽固不化而又能伸能屈，既驯服而又不愿受人摆布，既忠贞而又心存叛逆，既勇敢而又怯懦，既保守而又敢于接受新的生活方式……

我们今天强烈谴责日本右翼分子否认历史，警惕日本军国主义复活，岂止是理所当然，简直就是必须的！但这与上面所说的文化互相交流与学习一点都不矛盾。其实，上面我说的那些日常生活中普通日本老百姓表现出的讲究卫生、尊重秩序、礼貌谦让……不只是日本才有，我在台湾地区和国外许多发达国家都看到过，可以说随处可见。应该说这和经济发达有一定关系。比如我明显感觉，中国大陆最近几年的文明程度普遍比过去有所提升，我多次写文章谈到我周围老百姓的善良——他们带给我的感动一点不亚于火车站帮我捡镜头盖的日本人；还有许多城市（包括成都）自觉排队、垃圾分类等现象越来越常见，所以我对中国成为更加文明的社会充满信心。关键是别抱怨别人，从自己做起，从点点滴滴做起。

善良、温和、礼让、环保……这是任何一个文明社会都应该有的，哪是日本才独有呢？所以，与其说向日本学习，不如说是向文明靠近。

俄罗斯散记

你的名字无人知晓，你的功勋永垂不朽

初到俄罗斯

第一次去俄罗斯，我对这片土地却似乎并不陌生。因为苏联。

虽然我懂事的时候苏联已经成为“苏修”（苏联修正主义）——后来成为“社会帝国主义”；虽然苏联已经解体30年，但毕竟“伟大的列宁”“喀秋莎站在峻峭的岸上”“《共青团员之歌》”“高尔基和《海燕》”“奥斯特洛夫斯基和《钢铁是怎样炼成的》”……已经深入骨髓。

刚进海关，我便碰了一鼻子灰。我把护照递进窗口，姑娘面无表情，一阵啰里啰唆之后，对我一指，要我站一会儿。我拿出翻译器说了一句“为什么”给她看，她看都不看，瞪了我一眼，那犀利的目光分明是：“叫你站一会儿你就老实给我站着，少啰唆！”

我只好安慰自己“入乡随俗”。五分钟后，她把护照还给我，用手做了一个放行的手势，我又莫名其妙地“过关”了。

后来导游告诉我们：“俄罗斯人的服务态度是不太好，都比较冷漠。”

第二天早晨我出去锻炼，回酒店时迷路了。面对来来往往的行人，我选择了一位比较面善的大妈，照例先把要问的问题显示在翻译器上，然后笑容可掬地上前询问。可我还没走到她面前，她斜眼看了我一眼，扭头就走。我问同伴：“是不是我长得比较凶恶？”

还好，旁边两位长相“凶恶”的大男人却很热情，一边比画一边大声

嚷嚷，还用英语说：“来吃狗，来吃狗！”我们明白了，用笑容表示感谢，虽然没有跟着他们走，但顺着他俩指引的方向顺利回到酒店。

谢尔盖三圣大修道院与全俄展览中心

北京时间凌晨2点我就醒了，写了一会儿文章，看了几十页书，过6点掀开窗帘，哇，从阳台看出去，东方一片血红。大部天空都还没亮，只有东方被红色浸染，渐渐扩散，不一会儿半边天幕都呈现出橘红色了，细细的红色云片似乎在轻盈飘浮着。

出了酒店，却没有想象中的霞光满天，但西边的高楼却被染成鲜红，在灰暗天空的映衬下格外醒目。这是东方的阳光抹在上面所留下的色彩。

然而也就这么短暂的辉煌，等我走到大街上，整个天地都是阴沉沉的，东方的红云也杳无踪迹。有点扫兴。幸好刚才还拍了几张绚丽的晨曦。

但莫斯科的天气就是这么怪，等我们上午驱车到著名的谢尔盖三圣大修道院时，迎接我们的又是一个艳阳天。蓝天、白云、飞鸽……我简直受宠若惊。

在车上，导游给我们介绍了这座修道院的来历。修道院的创建者是14世纪活跃于莫斯科大公国的宗教家和政治家谢尔盖·拉多涅日斯基。创建这座修道院时，谢尔盖·拉多涅日斯基正值青年，为了更专心地向三一上帝祷告，他选择在莫斯科近郊一个名为谢尔盖耶夫的地方建造自己的容身之所和一座小教堂。这个荒野之地森林环绕，虽然偏僻，却未能阻挡小教堂日后发展成谢尔盖三圣大修道院。

建于1337年的谢尔盖三圣大修道院，经过几个世纪的扩建，逐步成为包括各式教堂在内的充满宗教气息与古典韵味的建筑群。建于1423—1442年之间的圣三一教堂，代表着俄罗斯早期白石建筑艺术水准。与圣三一教堂相隔不远的，是建于1477年的杜霍夫斯基教堂。不同于其他洋葱头式圆顶风格，这座教堂建筑奇特，由上下两层构成，下层是钟楼，上屋是观景台。还有建于1741—1769年之间的五层钟楼，高达88米，内有挂钟42口，是修道院建筑整体中最宝贵的部分，也是俄罗斯最美丽的建筑物之一。另外，位于大修道院中央的圣母安息大教堂是在伊凡四世（雷帝）于1585年下命

↑谢尔盖三圣大修道院的圆顶

令修建的。在四个洋葱头式的蓝色圆顶中央，有一个金色的大圆顶，是仿莫斯科的克里姆林宫的圣母安息大教堂建的。谢尔盖三圣大修道院内设有莫斯科宗教大学和神学院。在这里经常能遇到身穿黑袍的修士和修女。

没有宗教信仰的我们不懂相关的历史文化典故，但依然被蓝天下雄伟的建筑震撼。一群群灰色的鸽子掠过尖尖的房顶，向云端冲去，把我们的目光也引向远方。

下午，我们来到全俄展览中心（展览馆）参观，它是莫斯科也是俄罗斯最早、最大的展览中心。刚到展览馆大门，便看见顶端的一座巨型雕塑——工人和集体农庄女庄员，手中高举象征丰收的麦穗。这个雕塑一下唤起我少年的记忆，小时候看《列宁在十月》《列宁在 1918》等苏联电影，“莫斯科电影制片厂”的片头便是这座雕塑，它是苏联时代雕塑艺术的典范。

走进去，浓浓的苏联气息扑面而来。在民族友谊喷泉前，不停变换造型的水柱高高腾起，冲向蓝天。喷泉中间是一片金灿灿的巨大金麦穗，周围是

↑全俄展览中心大门及顶端的雕塑

↑富有象征意义的民族友谊喷泉

15具镀金的各民族妇女铜像，手持各种果实，代表前苏联15个加盟共和国各民族人民的友谊。

在一个小广场有一座列宁的雕像，导游说这是俄罗斯仅存的两座列宁雕像之一。列宁站在高台上，昂首挺胸，左臂弯曲，手抓风衣的左襟，右手握着一卷书。这是我们中国人熟悉的列宁的形象。只是此刻，我感觉他遥望远方的目光有些忧郁，似乎正忧心忡忡地看着这个不断变化的世界。

离开了展览馆，我们来到一座旧庄园，穿过密茂的森林。正是太阳落山的时候，逆光中，每一片树叶似乎都是透明的。金色的阳光穿过交相掩映的秋叶之间，在林间草坪上洒下斑驳的光影……

↓小广场上的列宁雕像

走出森林，眼前豁然开朗。草坪上悠闲的人们，或拍照留影，或凭栏远眺。山坡下是一片绿色密林，如厚厚的毯子覆盖在大地上——其实不完全是大地，俯瞰密林中间，有一大片不规则的水域，好像是湖泊，蔚蓝色的水面绸缎般光滑，这就是莫斯科河。目光掠过水面，厚厚的“绿色城墙”边，隐隐约约是白色的高楼大厦，再极目远眺，天地之间是飘浮在蓝色天空中的一朵朵白云。

莫斯科如血染一般的晨曦与红场

6点时分，天还没完全亮，半个月亮挂在空中。我们沿着大街往前走，不一会儿便迎来如血染一般的天空，名副其实的“血染”。我还没见过这么红的晨曦。

↓莫斯科如血染一般的晨曦

上午，在明媚的秋光中，我们来到向往已久的红场。据说红场在俄文中，并非“红色的广场”，而是“美丽的广场”。至少在我这个中国人心中，想到红场，就会想到克里姆林宫，想到列宁墓，想到1941年11月7日的阅兵式，想到无名烈士墓以及墓前那簇永不熄灭的圣火……

和天安门广场相比，红场并不大，它南北长695米，东西宽130米，总

↑红场地面上古老的条石

面积9.035万平方米，呈不规则的长方形，地面全部由古老的条石铺成。条石铺得并不平整——也许当初是平整的，只是经过历史步伐的踩踏，现在我看到的路面已经凹凸不平，却也格外光亮。想想在这凹凸不平的广场上还要举行阅兵式和各种集会，士兵们走正步该是多么不容易。

然而，苏联的历史就是这样壮丽而吃力地从这里走过。

红场的北面为俄罗斯国家历史博物馆，东面是莫斯科国立百货商场，南部为圣瓦西里大教堂。西侧是列宁墓和克里姆林宫的红墙及三座高塔。在列宁墓与克里姆林宫红墙之间，有12块墓碑，包括斯大林、勃列日涅夫、安德罗波夫、契尔年科、捷尔任斯基等人的墓碑。在这历届苏联领导人的阵容里，没有赫鲁晓夫，因为他是被赶下台的。

在列宁墓上层修建有主席台。每逢俄罗斯举行重要仪式，领导人就站在列宁墓上观礼阅兵。我首先想到的是1941年11月7日，面对几乎兵临莫斯科城下的德国侵略者，斯大林在这里举行的阅兵式。

76年过去了，此刻阳光灿烂，红场一片宁静，可我的耳畔似乎还回荡着斯大林不朽的演说、战士们的呐喊和他们铿锵有力的脚步声。

我来到红场附近的亚历山大花园，这里是无名烈士墓所在地。我很想看看那闻名于世的永不熄灭的圣火。但不巧，刚走到花园外面，便被拦住了，原来今天这里有盛大的活动，暂不对外开放。

但我不甘心，挤到最贴近栏杆的地方，用自己的长焦镜头将远处的景象拉近。我看到烈士墓前的一簇火焰了，还有烈士墓前的小广场上整齐矗立的仪仗队以及军乐队。虽然包括我在内的围观者将花园外的栅栏挤得水泄不通，但没有人高声喧哗，大家都静静地等待着仪式开始。

军乐响起了，几十位长者出现在我们视线中，因为比较远看不太清楚，

↑亚历山大花园里举行活动的仪仗队

但能够感觉到气氛的庄严肃穆。他们列队走向烈士墓表达敬意，然后是仪仗队的士兵们在红旗的引导下，迈着整齐的步伐走过烈士墓，走向花园外面的朱可夫元帅塑像——蓝天之下，骑着战马的朱可夫英姿飒爽。

仪式完毕，安保撤除，我进入亚历山大花园，来到无名烈士墓前。这是为纪念在伟大卫国战争中牺牲的军人而修建的。据说，这座无名烈士墓只埋葬着一位烈士的骨灰。虽然只有一名士兵的骨灰安葬于此，但他代表了千千万万为保卫祖国而牺牲的无名烈士。无名烈士墓花岗岩平台上刻着这样的字句："你的名字无人知晓，你的功勋永垂不朽。"

"听吧，战斗的号角发出警报，穿好军装拿起武器，青年团员们集合起来，踏上征途，万众一心，保卫国家。我们再见吧，亲爱的妈妈，请你吻别你的儿子吧。再见吧，妈妈，别难过莫悲伤，祝福我们一路平安吧！"想必，当初无数青年正是唱着这支歌走向战场的，但他们中的许多人并没有"一路平安"，而是倒在了保卫祖国的战场上。

1966年，希特勒军队在莫斯科郊外遭遇惨败25周年之际，这名士兵的骨灰被迁至克里姆林宫红墙外。烈士墓前的平台上，陈设着钢盔和军旗的青铜雕塑，造型简洁，意蕴深远。墓的两旁是同样如雕塑般屹立的卫兵。墓前有一个凸起的五星状的火炬，五星中央喷出的火焰，从建成时一直燃烧，从未熄灭，它象征着烈士的精神永远光照人间。

↑无名烈士墓前的火炬

↓地铁站里有列宁形象的壁画

下午，我们特意来到几个富有艺术风格的地铁站。栩栩如生的雕塑、色彩缤纷的壁画、金碧辉煌的吊灯……让我感觉不是置身于地铁站，而是正徜徉在艺术馆。这些雕塑和绘画保留着明显的苏联时代“社会主义建设”的气息，在好几处壁画上，还有列宁的形象。

莫斯科地铁站人流如织，但所有乘客都井然有序，包括在自动扶梯，所有人都一律靠右站着，左边的紧急通道永远给急行的人留着。

今天，我们集结在苏霍姆林斯基的名字下

圣彼得堡590中学的秘密

我们来到圣彼得堡590中学，参加苏霍姆林斯基百年诞辰的一个学术研讨会。校长卡敏斯基是一位功勋教师，博士。正式开会前，他接待了我们，在他的办公室，他向我们介绍了学校的有关情况。

他说：“我们学校建于1991年，当时正值苏联解体。我们学校是独一无二的，首先我们的存在就是一个奇迹。1991年学校建成之初，我就任这所学

校的校长。在苏联时代，所有的中学都开设一样的课程。我则希望我们的学校和其他学校不同，希望孩子有独特性和个性。这也和苏霍姆林斯基的想法相同。”

他给我们介绍了学校的课程开发：“我们学校一直有不同的专业课程，包括学习东方的文化。现在我们主要的专业课程是新闻信息技术。但我们认为这个领域，不仅仅是学电脑，更重要的是让学生和别人沟通。除此之外，我们学校非常开放，同圣彼得堡其他学校保持联系。很多有名的政治家、画家、音乐家都会来我们学校。我们的学生不仅可以和他们对话，还可以和他们一起做项目。”

他说到这里，起身从书橱里取出一套书，说：“我们有一个专业，就是专门教学生如何阅读，教他们专心读书。苏霍姆林斯基特别注重阅读，他认为每一本书都是一位教师。我手里这套书是我们学校学生编纂的，已经出版了九本，明年会有第十本。我认为这个项目是独一无二的。我们的学生和著名的作家交往，作家提供他们的故事，我们的学生写作，然后编纂出书。当然，这些书都是俄文的，我们下一步会考虑翻译成英文和中文。我们会把这些书免费送给我们的友好学校，在全国我们有四十所友好学校。这些作品在网上也有，可以免费看。”

他接着说：“我们给你们透露一个秘密，专业的作家不希望一直参加比赛，因为他们参加的比赛太多了，都腻了。但他们为什么会参加我们的活动？因为他们可以和学生沟通。学生可以写信给作家，作家和学生们交流。学生们根据作家提供的不同的儿童故事，将其写成文章，或者编排成一出戏。书出版之后，我们会邀请和这些故事有关的作家与学生对话。我们会给优胜者颁奖。这样的项目有很多。我们还有音乐项目，世界上最好的钢琴家会来我们这里表演。我们有跟运动有关的项目。喜欢科学的学生可以参加不同的科学项目。这样多元化的项目，可以让学生在不同的领域发展自己的个性，这也是苏霍姆林斯基的重要想法。”

纪念活动开始了，其实就是一个沙龙式的研讨。参加活动的不只是590中学的老师，也有其他学校的老师。大家围坐成一个个小圈，先听发言者的观点，然后展开讨论。

卡敏斯基校长首先讲话，他说："欢迎大家来参加这次活动！我们读了苏霍姆林斯基的著作，最主要的感受就是他特别注重培养学生善良的人格。9月28日是苏霍姆林斯基的生日，他是一个作家，同时又是一个教育家，但他首先是一个老师。我一直有一个梦。我的梦想就是组织纪念苏霍姆林斯基百年诞辰的活动，前来参加的人都是主动来的，而不是靠行政命令被强迫来的。"

他由苏霍姆林斯基谈到了马卡连科："苏霍姆林斯基有许多美好的想法。什么样的人才会在那个环境中想到全人类的价值？马卡连科被苏霍姆林斯基视为导师。马卡连科认为，人为团体服务；苏霍姆林斯基却认为是团体为人服务。苏霍姆林斯基是苏联人文教育学的原创者。有人说他的理论不系统，只是单个的想法，这个说法是不对的。"

在卡敏斯基校长谈了苏霍姆林斯基多方面的教育贡献之后，许多代表都在发言中表达了对苏霍姆林斯基的敬意，特别谈到了他不朽的教育思想对今天教育改革的意义，包括当今互联网时代的教育问题、教师素养的提升等，依然可以从苏霍姆林斯基的著作中得到启迪。

↓我与圣彼得堡590中学校长、功勋教师卡敏斯基

来自江苏无锡的朱晓宏和来自浙江武义的李建生也做了发言，介绍了苏霍姆林斯基在中国的影响。他们的发言虽然简短，但受到热烈的欢迎，赢得的掌声格外热烈。

再遇伦达克教授

今天，纪念苏霍姆林斯基百年诞辰国际学术论坛在俄罗斯列宁格勒州教师进修学院礼堂举行。出席论坛的除了俄罗斯的教育同行，还有来自芬兰、波兰等国的代表，当然还有我们中国代表团。

还没进入会议大厅，就已经感到浓浓的苏霍姆林斯基的气息。有关苏霍姆林斯基的画像、纪念标识到处可见。我们纷纷在苏霍姆林斯基的宣传画前合影留念。

会议大厅充满古典风格，让我想到20世纪50年代的礼堂。一进去我就看到一位优雅的老太太，似乎有些面熟，好像是2004年11月在江苏和我聊过一个多小时的伦达克教授，她是苏霍姆林斯基的学生，后来又做了苏霍姆林斯基的同事。但我仔细看了看，又不太像。伦达克比她稍微胖一些。

↓我向伦达克教授展示14年前与她的合影

可是过了一会儿，翻译告诉我她正是伦达克教授。我太激动了，赶紧过去和她打招呼，她很有礼貌地和我点头握手。我让翻译告诉她 2004 年在江苏会面的事，她听了，也激动起来，紧紧握住我的手，她显然也想起来了。

我从电脑里调出 14 年前和她聊天的合影，她指着照片笑了。我说："我刚才都没把你认出来，因为你比以前瘦了，当然更健康了。"她摸着自己的脸，哈哈大笑。

那年我和伦达克教授的交谈更像是我对她的采访。她是苏霍姆林斯基的学生，她说她上一年级的时候，是苏霍姆林斯基牵着她的手把她送进教室的，后来她考上师范学院，毕业后是苏霍姆林斯基把她要回了母校，于是她和苏霍姆林斯基成了同事，然而共事两年后，苏霍姆林斯基便病逝了。我还记得当时她谈到苏霍姆林斯基特别有感情。

论坛分两段，前一段由俄罗斯的教育者讲述，表达他们对苏霍姆林斯基的纪念。俄罗斯教师对苏霍姆林斯基充满敬意，而且在实践中尽力践行他的教育思想。几乎每一位发言者都谈到，虽然过去了半个世纪，时代已经发生了很大的变化，人类已经进入互联网时代，但是，苏霍姆林斯基的思想并没有过时，他的人道主义教育理论，至今依然可以指导我们的教育。

伦达克教授现在是俄罗斯奥伦堡国立师范大学教育学院的院长。她的发言我听得格外认真，我根据翻译提供的材料，再加上我的理解，也做了一些记录。伦达克教授说——

> 苏霍姆林斯基要求教师不仅仅是一名传授知识的教师，还应该是学生的人生导师。不要让学生成为知识的容器。教育不是传授知识的机器，而是培养学生品德和能力的过程。我们今天应该让教育重新回到苏霍姆林斯基的教育想法。他提出的一些教育想法，今天还有现实意义。他提出了灵魂和良心的教育。感谢他让"良心"进入了教育。他对儿童的爱和尊重，还有他充满人性的教育，他对创造力的重视等，都是我们现在依然需要的。现在学校条件很好了，有很多先进的仪器和设备，但学校并非只要有了这些就是学校了，现在学校非常需要人文的教育、精神的健全、体格的完美，还有善良与勤劳，这些都是永远需要的。苏霍姆林斯基的教育实验非常有超前性和现实性。他的很多主张，包括关

于恋爱教育、对死亡的了解，还有劳动教养等，今天都依然适用。在我们的大学，苏霍姆林斯基的想法，也是我们校长支持的想法，我们校长也是苏霍姆林斯基的追随者。另外，590中学非常独特，关于学生阅读能力和创新能力的项目实践了苏霍姆林斯基的思想。我非常荣幸到过中国，了解到中国同行学习苏霍姆林斯基的教育思想，提出许多对现实问题的解决方案。苏霍姆林斯不仅丰富了国际的教育学理论，而且有着更为丰富有效的教育实践。他认为从来没有标准的学生以供教育模式套用。学生总是具体的。他主张要给孩子留下自由的空间，让学生相信自己的能力。苏霍姆林斯基特别关心孩子，在他看来，最好的喜悦是关心人的喜悦。

论坛上追忆苏霍姆林斯基

中场休息后，论坛进入第二阶段，由其他国家的教育同行发言。在芬兰代表发言后，南京师范大学的李亚娟博士上场了。

李亚娟老师发言的题目是《情感文明与中国情感教育实践——苏霍姆林斯基与朱小蔓情感教育思想联通》。作为朱小蔓教授的学生，李老师向大家介绍了朱小蔓教授在情感教育方面的理论探索，并将她和苏霍姆林斯基情感教育做比较，结论是两位教育者的教育思想是相通的。

李亚娟老师的发言偏重于理论，但并不枯燥，她思路清晰，逻辑严密，且富有感情，赢得了大家的掌声。

该我上场了。我的主题和上次亚洲论坛一样，是《人是教育的最高价值》，但内容做了一些调整。

“亲爱的苏霍姆林斯基的追随者们，大家好！”我扬起手中的两本书，“这次来俄罗斯的路上，我一直带着这两本苏霍姆林斯基的著作《要相信孩子》《给教师的一百条建议》。这是我刚参加教育工作时读的苏霍姆林斯基的著作，大家看，已经读得很破旧了。打开书，里面不仅密密麻麻地写满了我的阅读批注，而且有的地方还泪迹斑斑。因为读苏霍姆林斯基的书，我不但被启迪，而且被感动！”

我点开幻灯片，一张张我读过的苏霍姆林斯基的著作照片呈现出来，还

↑我展示自参加工作起就珍藏的苏霍姆林斯基著作

有我家书房里书橱上苏霍姆林斯基著作的专柜。我说："可以这样说，我的教育阅读之旅，是从苏霍姆林斯基的著作开始的。"

我接着切入今天的主题："30多年来，我几乎读遍了苏霍姆林斯基著作的全部中文译本，从他丰富的著作中，我读到一句话：'教育——这首先是人学。'还有一句话：'人是最高价值。'"

下面是我的部分演讲内容——

苏霍姆林斯基的原话是这样说的："人是最高价值。"他是在谈教育时说这话的，这里的"人"指的是儿童，因此这话也可以表述为——"儿童是教育的最高价值。"

"儿童是教育的最高价值"意味着什么呢？意味着教育要尊重儿童的天性，尊重儿童的尊严，尊重儿童的视角，尊重儿童的个性，尊重儿童的需要，尊重儿童的精神世界，尊重儿童的发展潜力，尊重儿童未来的无限可能性……

而这一切都指向儿童的幸福！

可现在的儿童幸福吗？至少在应试教育下，这个答案是否定的。

不知从什么时候开始，以"人"为核心的教育，其丰富多彩的内涵只剩下两个字：刷题！在这样的“教育”中，人的价值已经荡然无存。于是，“人”变成了“物”——知识的容器、考试的机器、名利的工具……

大家看看这几张照片，孩子们被作业压弯了腰，被当作了学习的机器。这是孩子们在公交车上做作业的情景。这样的教育完全不把人当作最高价值，而是把分数当作最高价值。这是每年高考结束后考生在撕书的照片！这些高三学生们在欢呼，欢呼一个令人诅咒的阶段终于结束了。

由于人被当成了“物”，于是，便有了著名的“钱学森之问”：“为什么我们的学校总是培养不出杰出的人才？”

这句话震撼着无数教育者的心。但已经有学者对这句疑问提出修改，我也同意这个修改，就是这个问题应该改成：“为什么我们的学校总是培养不出杰出的人？”因为有了杰出的人，自然会有源源不断的人才。

我们还要警惕“互联网＋教育”背景下人的失落。近年来许多人指出，在当今这个“互联网＋”的时代，学生坐在家里便可以通过互联网听到世界上最棒的教师上的最棒的课，而且学习时间也可以自由选择，不必统一赶早晨七点半八点半，他任何时间都可以通过互联网学习。于是有人开始质疑传统学校中教师的作用了，质疑传统学校存在的必要性。

这些说法不能简单地说不对，但这种观点有一个前提，就是教育只是传授知识和培养技能。如果这样，那当然通过机器人和互联网就可以实现，不必非要面对面地跟老师学。但教育仅仅是传授知识和培养技能吗？

这涉及对教育功能的理解。什么是教育？陶行知说：“真教育是心心相印的活动。”苏霍姆林斯基说：“教育，这首先是人学。”雅思贝尔斯说：“教育，是关于灵魂的教育，而非理性知识和认识的堆积。”三位大师都把教育指向了人的精神。都认为教育是关于灵魂的，而事关灵魂的教育，岂能交给没有灵魂的网络与机器人？

即使是学科知识的教学，也不可能是纯理性、客观的活动。教学，作为以课程内容为中介的师生双方教和学的共同活动，它从属于教育，或者说是学校实现教育目的的重要途径。尽管学科教学是向学生传授系统知识、技能，但这无法抹煞教学过程中应有的人格引领、心灵感染、智慧启迪等人文色彩。教育承载着价值，凝聚着精神，体现着人性……岂能只是冷冰冰的知识？

尊重儿童，意味着教育教学过程要有儿童情趣。在读苏霍姆林斯基的书时，我读到这样一段话："我希望尽可能充分地满足孩子们多种多样的兴趣和企望。换句话说，我希望孩子们生活和学习得有意思。"当时我读到这里，眼睛停在"有意思"三个字上想了很久："有意思"是什么"意思"呢？

琢磨了很久，我似乎理解了，所谓"有意思"就是富有情趣、浪漫、好玩儿，就是妙趣横生、身心愉悦、诗情画意……因此我想到，好的教育应该是既有意义，又有意思。"有意义"是站在成人的角度说的，指的是我们的责任；"有意思"是站在儿童的角度说的，指的是他们的感受。

而"有意思"与情感、情趣、心灵、精神等相关。因此，离开了人与人的精神相遇和心灵拥抱，就没有教育。在教育实践中，教育者和被教育者的关系不是人与物的关系，而是人与人的关系。准确地说，教育者和被教育者必须——或者说已经融为一个整体。

所以，我现在越来越坚定不移地认为，只有当师生彼此相融，彼此能够听到对方的心跳、能够感受到对方的脉搏时，教育才能真正发生。

尊重儿童的价值，视人为教育的最高价值，就必须让学校和教室，成为孩子迷恋的地方。两个月前，我为我的学生上了退休前的最后一课。全国各地的学生赶回来听我讲课。一位30多年前的学生对我说："李老师，您教我们的那会儿，我每天都想上学！"

这是怎样一段让学生"每天都想上学"的时光？请看这一组我和我学生的照片——

这是我刚参加工作时，和学生在野外草地上开心地笑；这是1984年大年初一我和学生在山坡上玩儿；这是我和学生在河滩上斗鸡；这是我和学生在岷江戏水；这是我们骑自行车郊游；这是1989年冬天，我和我的高二学生用我们青春的身体把"一班"二字写在风雪弥漫的峨眉山之巅；这是在瓦屋山原始森林，我和我的学生在森林里吼歌，就是我之前提到的"让歌声在似乎走不到尽头的原始森林中激荡我们肆无忌惮的青春”；这是我和学生跪在草地上比赛学狗叫；这是我和高三的学生在地上疯狂，四个学生把我压在下面；这是我和学生在成都望江楼公园做游戏；这是我博士毕业后重返校园当班主任，我们跳绳，我们踏青，我把语文课搬到油菜花地里上；这是我当校长时同时当班主任，和孩子们捉迷藏，做鬼脸……

教育，就是要有这样浪漫的气息，前提是教育者本人要有浪漫的情怀！青山绿水，欢歌笑语，这才是完整的教育！几十年来，我都是这样做的。

在我退休前为学生上的最后一课上，我说过这样几句话：“对于社会进步而言，教育当然有着重大的意义，但对于教师和学生这一个个生命体而言，教育就是浪漫，就是温馨，就是情趣，就是诗情画意。每一个教师都应该是教育童话的创作者。”

“儿童是教育的最高价值”意味着，帮助每一个孩子成为最幸福的自己！

50 多年前，苏霍姆林斯基有一段话，对今天的中国教育有着鲜明的现实意义。他说：“请记住，不是你所有的学生都会成为工程师、医生、科学家和艺术家，可是所有的人都要成为父亲和母亲、丈夫和妻子。假如学校按照重要程度提出一项教育任务的话，那么放在首位的是培养人，培养丈夫、妻子、母亲、父亲，而放在第二位的，才是培养未来的工程师或医生。”

20 世纪五六十年代，苏霍姆林斯基面对当时苏联流行的“当今是‘科技时代’‘数学时代’‘电子世纪’‘核子世纪’”等说法，旗帜鲜明地提出，当今首先是“人的时代”“人的世纪”！他进而预言，21 世纪将是人的个性全面和谐发展的世纪！

所以我认为，只要教育的目光永远投向“人”的心灵，那么作为教师，我们就永远不必担心被“科技”所淘汰，而我们的教育必将永远处于时代的最前沿。

因为，“人是教育最高价值！”

谢谢大家！

这次演讲反响很好，走下台后，伦达克教授主动过来和我握手，并亲吻我的脸颊。

十月革命一声炮响……

用瞬息万变来描述圣彼得堡的天气真是再合适不过了。早晨还是阴云密布，可刚过了 9 点，天地间突然明亮起来，涅瓦河面跳动着金色的阳光，蓝天之上一群群海鸥从容悠闲地飞舞着。远远地看见一座高高的塔屹立在涅瓦河畔，如一把挺拔的利剑遥指蓝天。

那是彼得要塞的钟塔，是彼得要塞的标志，其 132 米的高度使其成为圣彼得堡市最高的塔，顶部为镀金天使，即使是很远看上去，也金光闪闪。

彼得要塞原是一座军事城堡，由彼得大帝创建于 1703 年。要塞内的建筑都环绕着彼得保罗大教堂。但该堡垒从来没有达到其军事目的。从 1720 年左右开始，彼得要塞成为驻军基地，但这里后来却以作为关押高层人物或政治犯的监狱而闻名。这里曾经关押过无政府主义者克鲁泡特金，还有拉季舍夫、十二月党人、陀思妥耶夫斯基、米哈伊尔·巴枯宁、车尔尼雪夫斯基和铁托……听听这些名字，我感到这座被称为“俄国的巴士底狱”的监狱竟然有了许多“荣光”。

在我们离开彼得要塞时，天空已经浓云密布，整个世界阴沉沉的。我们来到普希金城。普希金城位于圣彼得堡以南约 24 公里处。现在每年 6 月的第一个星期天，这里都要隆重庆祝普希金的生日。

还没进入叶卡捷琳娜宫，我们便看到了一座普希金的青铜雕像。我一直不明白，这个地方和普希金有什么关系？导游告诉我，18 世纪末，在叶卡捷琳娜宫殿对面建了一所贵族学校，1811 年至 1817 年普希金在这所贵族学校学习。

除了这尊普希金塑像，我没看到任何与普希金有关的东西。但普希金塑像周围的森林，倒是把我们“美呆了”——森林的美让我们目瞪口呆。地毯一般的红叶、开始泛黄的绿枝、长着眼睛的银色白桦树干、倒映着层层叠叠色彩的水面……我明白俄罗斯历史上会诞生那么著名的风景油画的原因了。

彼得要塞的标志——钟塔

↑普希金青铜雕像

和所有宫殿一样，这里每一间大厅都金碧辉煌，其豪华奢侈程度已经超过我的想象。帝王们总是喜欢用财富来显示自己的权力、地位、威严，中外帝王无一例外。于是世界各地留下了无数座美轮美奂的宫殿，也留下了人类无穷的智慧与不朽的艺术。

从宫殿出来，天色已晚，本来美丽的花园应该是不错的拍摄点，可眼前一片灰暗，我带着遗憾离去。

所谓“战斗民族”

这次在圣彼得堡接待我们的导游是一个30来岁的中国人，她说她在俄罗斯已经生活和工作很多年，在莫斯科待过3年，在圣彼得堡已经工作6年。她给我们介绍景点时，说到俄罗斯历史，一口一个“咱们”，什么“咱们彼得大帝”“咱们叶卡捷琳娜二世”……我越听越感觉不是滋味，心想：你在俄罗斯生活久了把自己当作俄罗斯人，那是你的事儿，可我们是中国人呀！人家的“大帝”、人家的“女皇”，你凭什么要把我们包括进去？

后来我实在忍不住了，对她说："请别说'咱们'好不好？'咱们'的意思包括了我们，可俄罗斯的历史并不属于我们。"她听了有些尴尬，说："入乡随俗嘛！"呵呵，这个词用得如此不伦不类。我说："这叫'入乡随俗'吗？随什么'俗'，本来你说的俄罗斯那些就和我们无关！""好好好，接受您这个建议。"后来她果真不再说"咱们"了。

可是一说起俄罗斯的"大帝""女皇"时，她还是掩饰不住几分自豪。比如她说："在彼得大帝和叶卡捷琳娜二世的时代，俄罗斯版图扩大了几十倍，不愧是战斗民族！"

可我不高兴了，所谓"扩大了几十倍"不就是巧取豪夺吗？这"几十倍"的领土里就包括了1689年《尼布楚条约》签订后侵占的中国的土地。

我对同伴说："所谓'战斗民族'，从对外扩张的角度看是带有很浓的侵略色彩的。可部分国人居然如此称呼俄罗斯人，如此仰慕俄罗斯人，有盲目崇拜之嫌。"

↓阴云下的斯莫尔尼宫

在俄罗斯游览期间，我也获得些信息：俄罗斯人并不接受“战斗民族”这一带有仰慕情感的称呼。所以，部分国人是否自作多情了呢？

以上遭遇与感触算作我游览斯莫尔尼宫前的序曲。直到走进斯莫尔尼宫，我对“战斗”一词有了异样的感触。

虽然天气阴沉沉的，但圣彼得堡市中心的斯莫尔尼宫依然壮丽夺目。这是一座建于1806年至1808年的外观典雅的三层建筑。

导游告诉我们，这里原是贵族女子学院。但这个地方最早是一座沥青厂，“斯莫尔尼”一词正来自俄语“沥青”。十月革命后，这里是列宁格勒市政府办公楼，现为圣彼得堡市政府。斯莫尔尼宫将巴洛克风格和拜占庭风格融为一体，在圣彼得堡的诸多宫殿里极具代表性。

第一次听说“斯莫尔尼宫”，是小时候看电影《列宁在十月》。在我的记忆中，这座宫殿与“十月革命”有着密切的关联。历史的确如此。“十月革命”期间，布尔什维克党军事革命委员会设在斯莫尔尼宫，为“十月革命”司令部。1917年11月7日，列宁在斯莫尔尼会议大厅发表对俄国公民的号召书，宣布一切政权归苏维埃。此后在这里办公和居住，直到次年3月。

可以想象，101年前的11月7日——即“十月革命”的当天，列宁从这里发出的声音席卷俄罗斯，震撼全世界。

但17年后，由这里的一声枪响而导致的“肃反”风暴，同样震撼了世界。

一提起斯大林，除了他领导抵抗德国入侵的卫国战争，恐怕就是他领导的“苏联肃反”运动了。所谓“苏联肃反”运动，是指1934年在苏联领导斯大林执政下爆发的一场政治镇压和迫害运动，1937年至1938年该运动达到高潮，在此期间，130万人被判刑，其中68.2万人遭枪杀。

“苏联肃反”运动的残酷性超出了今天我们的想象。我们仅仅围绕斯莫尔尼宫走了一圈，加上拍照不过30来分钟，但我的心里却卷起了历史的波澜。枯叶纷飞的大树掩映着宫殿，草坪上散落的片片红叶，是当年冤屈者不肯冷却的鲜血吧？

80多年过去了，大清洗的呼啸已经沉寂，阴云下斯莫尔尼宫静静地矗立着，似乎还在无声地诉说着那段并不遥远却渐渐被人遗忘的历史。

风云激荡，但人类依然前行

匆览冬宫

从斯莫尔尼宫出来，我们直奔冬宫。

冬宫外面是一个宽阔的广场，周围的建筑物，都是在不同时代由不同建筑师用不同风格建造的。在广场中央竖立着一根用整块花岗石制成的亚历山大纪念柱，这是为纪念 1812 年亚历山大一世率俄军战胜拿破仑军队这一伟绩而建的。纪念柱顶尖上是手持十字架的天使，天使双脚踩着一条蛇，这是战胜敌人的象征。

坐落在这广场上的冬宫，面向涅瓦河，中央稍为突出，有三道拱形铁门，入口处有阿特拉斯巨神群像。宫殿四周有两排柱廊，气势雄伟。冬宫为俄罗斯帝国沙皇的皇宫，“十月革命”后辟为圣彼得堡国立艾尔米塔什博物馆的一部分。它是 18 世纪中叶俄罗斯新古典主义建筑的杰出典范，与伦敦的大英博物馆、巴黎的卢浮宫、纽约的大都会艺术博物馆一起，被称为世界四大博物馆。

冬宫最早是叶卡捷琳娜二世的私人博物馆。馆内收藏的艺术珍品不计其数，现在该馆开辟了东方艺术馆（收藏有公元前 4000 年以来的展品 16 万件，其中有几千件古埃及的文物，如石棺、木乃伊、浮雕、莎草纸文献、祭祀用品和科普特人的纺织品，世界上最大的伊朗银器，以及巴比伦、亚述、土耳其等国的文物）、远东艺术博物馆（收藏了大量的中国文物和艺术品，其中有 200 多件殷商时代的甲骨文文物，公元 1 世纪的珍稀丝绸和绣品，敦煌千佛洞的雕塑和壁画的样品，以及中国的瓷器、

↓冬宫里收藏的古典雕像

珐琅、漆器、山水和仕女图。此外还包括3000幅中国年画及在泰国以外量最多的泰国雕塑)、西欧艺术馆(主要收藏文艺复兴时期的绘画、素描、雕塑。世界流传至今的达·芬奇的油画总计不过十幅，而这里就陈列着《柏诺瓦的圣母》和《圣母丽达》，还有拉斐尔、米开朗琪罗、毕加索等大师的作品)。此外，古希腊和古罗马的雕像、花瓶等文物，陈列在20多个大厅里。

时间有限，我们只能匆匆浏览，尽管如此，我们也深受震撼。博物馆的藏品量可观，据说若想走遍艾尔米塔什博物馆约350间开放的展厅，行程约计22公里。

爱的季节

小时候看俄罗斯的古典油画，惊叹于艺术家的想象力，他们把大自然的风景画得如此绚丽多彩。这次到了俄罗斯，特别是当我置身于夏宫花园，我一下意识到，当年看的油画不是艺术家的想象，而是他们的写实。

阳光从空中斜射下来，穿过树林，枝叶之间的缝隙漏泄一束束光芒，地上的草坪斑驳耀眼起来，散落的枯叶色彩斑斓，红色的叶子在阳光的照耀下似乎在燃烧。

湖边，密密的彩色的树林将倒影铺满水面，于是水面也漂浮着黄色的、红色的、绿色的、褐色的彩带，晃晃悠悠的。

远处，高高的椴树呈金黄色，树叶随风哗啦啦地飘动，如一支支燃烧的火炬。

花园里有一条绿色长廊，绿色藤蔓从上至下蔓延开来，藤蔓上还有一些小花儿，更有已近红透的叶子，叶子飘落在地，铺成软软的红色地毯。一对母女走过，一对情侣走过……他们说笑着，我听不懂他们的言语，但我感觉他们在表达爱。他们越走越远，我拍下他们美丽的背影，发在微信朋友圈里，写了四个字："爱的季节。"

走过树林，眼前的波罗的海辽阔无边，由远而近的海浪缓缓地软软地亲吻着海边……

吹响胜利号角的英雄

在俄罗斯待了一周多，无论在莫斯科还是在圣彼得堡，每天早晨我起来晨练，沿着大街疾走六七公里。

在莫斯科的两天晨练，都遇见了美丽的晨曦；而在圣彼得堡，每天早晨六点钟我出门时，天还没亮，往往都会看到空中的月亮。一出酒店门便是著名的莫斯科凯旋门，我沿着莫斯科大街往前走，一路上看见深蓝的夜空渐渐出现绯红的颜色，然后大街上开始有公交车了，有匆匆的行人了，再过一会儿，便云霞满天。我就这样见证着一座城市的苏醒。

走了三公里，我看到街边有一片森林，估计是公园。进去果然是一个很大的森林公园，还有湖泊。公园里有许多雕塑，都是士兵造型。还有一座顶天立地的巨型雕像，仔细看是朱可夫的形象，估计是为他建的塑像。在霞光漫天、红云密布的天空下，朱可夫元帅高大伟岸，气势如虹。

后来查资料，这座公园叫胜利公园，是纪念二战时的“列宁格勒保卫战”而修建的。

1941 年 6 月 22 日凌晨，德军根据“巴巴罗沙”侵苏计划，分三路在苏联西部国境线上发动了大规模的突然袭击。希特勒在制订“巴巴罗沙”计划时，一再强调要攻占“布尔什维克主义的发祥地”列宁格勒，并狂妄地叫嚣一定要把这座城市“从地球上抹掉”。为此，德军重兵突袭，甚至调动了芬兰空军共 1600 多架飞机进行支援，企图从南面和北面向列宁格勒进攻，迅速歼灭列宁格勒方向的苏军，攻占列宁格勒。

德军兵临城下，列宁格勒市民不分男女老少，纷纷行动起来，拿起武器，投入保卫列宁格勒的战斗中去。由于列宁格勒军民的殊死抵抗，德军每前进一步都付出巨大的代价，无法按计划夺取列宁格勒。但德军集中大量兵力建立了纵深梯次防御封锁工事，将列宁格勒团团围住。德军妄图用不停的空袭、炮击以及饥饿置列宁格勒居民于死地。

在列宁格勒被围困期间，城外沙皇的宫殿和其他历史名胜大部分被抢劫，然后摧毁。许多工厂、学校、医院等民用基础设施遭遇空袭，或被远程大炮摧毁。列宁格勒军民在封锁中度过了严冬，忍受着一切艰难困苦，接受了最严峻的考验。特别是在被封锁的头一个冬天，死于枪炮和饥饿之下的人就达60多万——1942年1月至2月每天死亡7000—10000名居民，其中大部分缘于饥饿。在长达871天的围困中，这座城市死亡的士兵和平民高达150万名。

但列宁格勒经受住了考验，人们始终不向敌人屈服投降。在那样恶劣的条件下，列宁格勒活着的人们仍没有放弃正常的有尊严的精神生活：剧院天天夜里开演，剧照贴在大街小巷，观众座无虚席；学校准时开学，上课铃声从不间断……

有一个叫丹娘·萨维契夫的小学生，在饥饿的煎熬中，天天用柔弱的小手在日记本上写下稚嫩的字迹，从不间断、慢慢地、执拗地记下法西斯的罪恶——

1月25日，爷爷死了；

2月3日，伯伯死了；

3月1日，妈妈去世了……

她记着亲人们一个个逝去的日子以及他们的死因，从不辍笔。后来，亲人们全死光了，全存于她的日记里，她把他们好好地藏在里面。再后来，她的日记中断了，因为她也在饥饿中永远地离去了。

1944年1月14日，列宁格勒方面军和沃尔霍夫方面军在波罗的海舰队的支援下开始了强大的反攻，突破了德军筑起的“北方长城”。经过一个半月的激烈战斗，几乎肃清了列宁格勒全境和加里宁大部分地区的敌人。德军有3个师被全歼，23个师被击溃。列宁格勒长达900天的保卫战以胜利结束。

在胜利公园，看着那一座座雕像，我在诅咒战争的同时，不得不感慨人性的伟大与坚强。因为“列宁格勒保卫战”，我要对圣彼得堡这座英雄的城市真诚致敬。

它曾经发生过，还可能再次发生
——参观欧洲被害犹太人纪念碑

德国，是一个诞生了康德、黑格尔、马克思、歌德、贝多芬、爱因斯坦等大师巨匠的国家。这是我第三次来柏林了，但这座城市依然对我有一种思想上的冲击力。勃兰登堡门、帝国大厦、艺术博物馆、柏林大教堂……都散发着浓浓的历史气息和艺术芬芳。

但对我来说，最受震撼的还是欧洲犹太人被害纪念碑和柏林墙遗址公园。先说说前者。

到了柏林，正是中午，我们匆匆办了酒店入住手续，将行李安顿好便出了门。著名的勃兰登堡门附近的几条大街上，成千上万的市民们正举行主题为“保护动物、爱护地球”的游行，人山人海，声势浩大。

我们硬生生地从游行队伍中横穿过去，到了马路对面，一下子惊呆了——海洋般浩瀚而又起伏的灰色水泥碑林，静静地矗立在闹市区的一片开阔地——这便是著名的欧洲被害犹太人纪念碑，亦称为“浩劫纪念碑”。

欧洲被害犹太人纪念碑占地 1.9 万平方米，于 2005 年纪念二战胜利 60 周年之际落成。和一般的纪念碑不同，它不是孤立的一座碑，而是由 2711 块混凝土板组成，在一个斜坡上以网格图形排列成一片水泥碑的森林。每个水泥碑形如棺材，没有色彩，没有图案，没有文字，就那么无声而冰冷地袒露在蓝天之下。

据有关资料介绍，“2711”这个数字是建筑师根据纪念碑地表的面积而定的，它没有任何象征意义，与被害者数目也无关联。设计师艾森曼从根本上颠覆了纪念碑的概念，放弃了任何一种象征性符号的使用。碑面上既没有任何铭文，或任何对加害者控诉的文字，也没有任何图形标志，碑群更没有一个中心。艾森曼解释其设计思想时说，无论是水泥碑的数量，抑或其形状，都不具任何象征意义。他的设计所要传达的是一种被撕裂的感觉，如同在奥斯维辛灭绝集中营内无数儿童从他们的父母身边被纳粹强行带走一样。他将纪念碑群视为一个“静默之地”，希望参观者能被纪念碑的表现力感染，并有所感动而从中得到启示。

这些混凝土碑长 2.38 米，宽 0.95 米，但高低不齐——高度从 0.2 米到 4.8 米不等，因此整个水泥碑群形似一片墓地，又好像一片波涛起伏的海面。整个纪念碑群没有固定的出入口，参观者不管从哪个方向都可以进入碑林，任意在网状的“棺材”之间穿行。

行走在波浪般起伏的狭小通道上，置身于冰冷的“棺材”中，我有一种被挤压的窒息感。抬头仰望，蓝天和阳光被切割成小小的碎片，那么遥远而珍贵。我突然感觉到，自己成为当年被关在集中营里的犹太人，正用忧伤的

↓欧洲被害犹太人纪念碑群

眼睛贪婪而绝望地望着遥不可及的自由的天空。这也许正是设计师要达到的效果吧？

这片水泥丛林之下为地下室，是关于犹太人被屠杀的纪念馆。纪念馆以图片和文字的方式，详尽地介绍了纳粹德国迫害和屠杀犹太人的罪行。

在一张张照片上，不同年龄不同性别的犹太人那一双双因绝望而漠然的眼睛让人异常揪心；与此对应的，是一张张并排而置的巨幅肖像，这些照片都是他们在受迫害前的和平生活中所拍。他们中有美丽的女性，有自信的男人，还有天真的孩子，无不用温和的目光看着我们，但一想到这一个个鲜活的生命早在70多年前就已经消失于纳粹的毒气室中，我再次感到窒息般地难受。

在一间黑暗的展室里，玻璃地面上压着一封封被处死的犹太人留下的书信、明信片、遗书。微弱的灯光下，这一张张发黄纸片上的只言片语，向我们传递着当年绝望的灵魂留给这世界最后的声音。

通过女儿的翻译，我听到这些历史深处的回音——

“现在我们知道了所有恐怖的细节，5000名犹太人被送往多纳尔，……并被枪毙，就像动物在死前一样，人们怀着极大的恐惧，开始试着逃出火车，用手扒开被铁丝网加固的车窗，数以百计的人在试着逃脱的时候，遭到枪杀。过了一阵子，车厢里面堆满了尸体。

“传闻非常可怕，纳粹在用各种各样的方式屠杀犹太人。有的被送往集中营，在那里他们最多撑一个月；有的遭到枪毙；有的被烧死；有的被送进毒气室。

“亲爱的父亲，我在死前向你做最后的告别，我们很想活下去，但是他们不允许我们活着，我们将要死去，我很害怕死亡，因为就连非常小的孩子都被他们活埋，永别了，我向你吻别。”

…………

这些话是写在信纸、明信片或其他什么纸片上的，有的是从火车上偷偷扔出去的，更多的是散落在集中营的角落，后来被盟军士兵发现。

另一个房间，同样也是在黑暗中，能听见平静的声音朗读着欧洲被害犹太人的名字和背景。据介绍，把这些资料用德、英两种语言完全读一遍，需要 6 年 7 个月 27 天。

在纪念馆入口处的墙上，有几行醒目的大字，用德语和英语昭示着纪念碑和纪念馆修建的意义：“它曾经发生过，还可能再次发生。这就是我们必须要说的。”

走出纪念馆，来到地面，天色已暗。因为是冬天，这里 4 点左右天色便近黄昏，正在缓缓下沉的太阳将没有温度的阳光洒在森林般的“棺材”上。

当年纳粹对犹太人的迫害和屠杀已经突破了人类良知的底线，也超出了一切善良的人的想象；同样超出我想象的，还有德国民众直面历史、深刻反思的伟大精神。据说纪念碑林的构思一直存在争议，但二战后德国对战争的痛切反思、对纳粹主义思想复活的高度警惕，并勇敢而坦然地将自己国家的罪恶公开袒露于世……这一切，毫无争议地赢得了国际社会的尊重。

女儿说：“德国对于反省和忏悔拿出了十足的诚意。”

我说：“在这里，我看到了二战后德国重新崛起的原因，这也是一个民族的伟大之所在。”

没有什么能够阻挡你对自由的向往
——柏林墙随想

柏林墙，二战后东西方冷战的象征，德国一度分裂的标志，它曾经是德国土地上一条人为的伤痕，这伤痕并非由纳粹造成，而恰恰是由号称“德意志民主共和国”（简称“民主德国”）的领导们人为切割而成。具有讽刺意味的是，给德国人民带来伤害的这堵墙，官方名称居然叫“反法西斯防卫墙”。

柏林墙始建于 1961 年 8 月 13 日，全长 155 公里，其中 127.5 公里安装有电子或声音警报系统。整段柏林墙有 302 座观察塔，220 个掩体，由 1.1 万多名民主德国军人守卫。这是民主德国在己方领土上建立的环绕西柏林边境的边防系统，以阻止民主德国（“东德”）和联邦德国（“西德”）人员的自由往来——其真实目的是阻止民主德国的居民逃往西柏林。

我以前一直以为柏林墙就是东西德边境上的一堵坚实的墙。实地参观，

↑冰冷的柏林墙（局部）

我才明白，柏林墙所指的，其实并不仅仅是一面孤零零的墙，而是由瞭望塔、混凝土墙、开放地带以及反车辆壕沟组成的一整套封锁工事。柏林墙也并非开始就是砖土墙，最初是由铁蒺藜围成的路障，后来改筑成 2 米高、顶上拉着带刺铁丝网的混凝土墙。所以，柏林墙并不是一堵墙，而是一条类似于朝鲜和韩国交界处板门店“三八线”那样的军事隔离带。只不过“三八线”是不偏不倚居于朝鲜和韩国的中间，而柏林墙是建于东德领土内。先是一座内墙，内墙以西有一段大概几十米宽的过渡带，然后才是正式的柏林墙。柏林墙角以西一米宽左右依然是东德领土，所以说，柏林墙完全是坐落于东德一侧的。

此刻，我正站在柏林墙遗址公园。虽然已经是公园，但我感觉自己每一步都踏在当年逃亡者们匆匆的脚印上，而每一个脚印都指向一个关于生命的故事。

柏林墙的修建，并没有阻止人们无休止的反抗和逃离。4 本导览手册里，满满当当记录着有关逃亡的故事。比如，1961 年 8 月 30 日凌晨 4 点，5 人通过邻近柏林墙的公寓窗口逃跑成功；又比如，1961 年 10 月 26 日晚上，2 个逃跑者通过几栋大楼的屋顶逃至柏林墙附近，潜伏到第二天早上 9 点，西德消防员撒下救援网，协助他们逃跑成功；还有失败的故事，比如 1971 年 7 月 23 日凌晨 3:20，一位逃脱者在翻越柏林墙时被东德士兵击中，后被捕……

大部分逃跑成功的故事都发生在柏林墙建成初期，那时候的柏林墙较容易翻越，东德的封锁工事也还不完善。我们现在看到的柏林墙，除了墙体很高之外，墙头还专门加固了一圈圆管，徒手翻越几乎是不可能的。

于是后来的逃脱就不限于翻墙了，大家开始挖起了地道。某一则逃亡故事里，一名逃脱成功的青年与伙伴们一起挖通地道，帮助包括自己母亲在内的 57 名东德居民成功逃往西德。

在柏林墙附近的一些建筑墙面上，贴着一些黑白老照片，形象地记录着当年东柏林老百姓为了自由而不顾危险投奔西柏林：紧靠柏林墙以东的高楼上，人们从窗外吊着绳子一点点地往下移，直至落到西柏林的土地上；还有的人沿着暖气管往下滑；还有人干脆直接往楼下跳——下面是西柏林同胞举着的双手和铺就的床垫等缓冲物体……有一张照片是挖地道的情景，以及人们从地道钻到西柏林地面的场面。原来，东柏林的居民在自家房屋下挖秘密地道，地道穿过柏林墙通到西柏林，这显然是一项极为艰巨更极为危险的工程，但为了自由，人们不惜铤而走险。

天气晴朗，阳光下的柏林墙静谧而安详。不远处的大街上，一个父亲正推着婴儿车过马路，几个美女倚着残墙拍照，更多的是匆匆走过的行人。眼下的一切，平静、温暖、祥和，没有一丝硝烟味。但柏林墙上的各种涂鸦还在，弹孔还在，裸露的钢筋还在，提醒着人们昨天的恐惧。

在柏林墙附近有一个纪念馆。里面也有人像墙，由一张张鲜活的肖像组成，有男人，有妇女，有儿童，还有婴儿！他们有的当年成功逃离获得了自由，有的则因“叛国”而被处死。由眼前这一组照片，我想到了昨天在欧洲被害犹太人纪念馆看到的那一组照片。同样是渴望自由，同样被处死，但纳粹是对另一个民族的灭绝，而东德则是对自己同胞的屠杀。

1963 年，时任美国总统的肯尼迪曾在柏林墙下发表了著名演说，他说：“自由有许多困难，民主亦非完美，然而我们从未建造一堵墙把我们的人民关在里面，不准他们离开我们。”

岂止是“不准他们离开我们”，甚至是对“离开我们”的人毫不留情地射击。1961 年前，约有 200 多万东德居民逃离东德前往西方各国，他们当中许多人是从西柏林逃跑的。1960 年起《开枪射击令》生效，民主德国国家人民军和工人阶级战斗队得到授权，可以射击任何试图穿越的人，此举于 1982 年通过立法被合法化。波茨坦当代研究中心确认，柏林墙修建后，在试图逃离东柏林的人中，3000 多人被捕，100 多人被打死。也有报告显示，死亡数字超过 200 人。

不过，也有超过 5000 人成功穿墙而过。

纪念馆里循环播放着一部纪录片，记录了柏林墙从修建到倒塌的全过程。令人震撼的是东柏林居民逃亡的镜头：拼命穿过铁丝网的妇女，翻越柏林墙的年轻人，集会游行要求拆除柏林墙的民众，站在柏林墙上示威的年轻人，柏林墙被推翻后潮水般涌向西柏林的人流，几十年分离终于重聚泪如雨下的亲人们……

在纪念馆的礼品店，有许多镶嵌着柏林墙碎片的明信片和书签。我买了几张带着柏林墙碎片的明信片，仔细端详。

↓展示穿过柏林墙亲人相聚场面的雕像

直面历史，勇于反思。在柏林墙边，我再次感到了德国人民的伟大。

被列为“世界文化遗产”的仿古老城
——华沙行（一）

波兰历史上曾经先后四次被俄罗斯帝国、普鲁士王国、奥地利帝国、德国和苏联瓜分，甚至有一百多年不复存在。但这个不幸的国家，却为人类社会贡献了三位闪耀的名人：哥白尼、肖邦和居里夫人。

华沙本身并不是一座特别热门的旅游城市，但它有着独特的历史文化景点。

早晨，我们步行前往城堡广场及华沙老城。一路上经过华沙大学、哥白尼塑像、圣十字教堂、总统府……大街上行人稀少，偶尔一两辆公交车驶过。华沙的街道，整洁而宁静。

远远地看到一尊青铜铸建的人像矗立在红色花石圆柱顶端，这是华沙著

↓齐格蒙特三世纪念柱

名的城堡广场的标志——齐格蒙特三世纪念柱。走近后仰望柱顶，齐格蒙特三世铜像头戴王冠、身穿王服，左手持十字架、右手握宝剑。据史料记载，将波兰首都从克拉科夫迁至华沙这一决定，就是齐格蒙特三世国王于1596年做出的。于1644年所建的齐格蒙特三世纪念柱，在第二次世界大战期间毁于战火，现在世人所见的是于1949年重新修复的。

被毁于战火的显然不只有纪念柱，广场周围的建筑包括皇宫城堡乃至整个老城，二战中都成为废墟，据说整个华沙城都是在战后重建的。当时希特勒叫嚣要在短期内消灭波兰。战云密布之际，华沙大学建筑系的师生们把华沙古城的主要街区、重要建筑物都做了测绘记录。战争一爆发，他们把这些图纸资料全部藏到山洞里，所以房屋街道虽然毁了，但它的形象资料保存了下来。这为战后华沙城的重建提供了准确的依据。

所以现在的老城，看不到重修的痕迹，无论是城墙、碉楼和圣约翰主教堂，还是古朴精致的街道民房，都保留了中世纪的风格，包括地面镶嵌的有着奇特美感的方砖图案，都让人感到一种历史文化的气息。

在一些重要建筑旁边，还附有老照片，照片上是二战时这个建筑被毁后的情景，大多是残垣断壁，甚至被夷为平地的废墟。照片上的历史和眼前的实景对照，有一种震撼的力量，让人感慨万千。联合国教科文组织于1980年将华沙古城列入《世界遗产名录》。这本来是很反常的，因为世界遗产一般是拒绝接受重建的东西的，但华沙人民自发地保护自己的民族文化和历史传统，为世界所有的古城做出了榜样，也对欧洲的古城保护产生了重要影响。所以联合国教科文组织的《世界遗产名录》把这个特例给了华沙古城。这是华沙人民的荣耀。

城堡广场旁边有一座精美的王宫，始建于13世纪末，曾是玛佐大舍公国公爵的住宅，自从波兰迁都华沙后，1569年至1572年这里就改建为王室和中央政府的所在地。1939年希特勒闪电进攻波兰，这座王宫毁于战火，1971年重建，1984年开始作为博物馆对外开放。我匆匆进去转了转，每间屋子都金碧辉煌，富丽堂皇，里面收藏了波兰历任王朝统治者的许多珍贵宝物。

唯一没有被盛名宠坏的人

——华沙行（二）

华沙老城最吸引我的是居里夫人博物馆。

博物馆由毫不起眼的三层楼建筑组成，看上去就是一栋普通民房。然而正是在这栋普通楼房里，1867 年 11 月 7 日诞生了一个不凡的女婴，即后来因两次获得诺贝尔奖而享誉世界的波兰裔法国物理学家、放射化学家居里夫人。虽然居里夫人后来加入了法国籍，但她一直心系祖国。当和丈夫从矿物中分离出新元素以后，居里夫人把新元素命名为钋。这是因为钋的词根与波兰国名的词根一样。她以此表示对惨遭沙俄奴役的祖国的深切怀念。

为了纪念这位伟大的科学家，波兰政府把她以前的居所改建为居里夫人博物馆。

博物馆里面陈列的展品不算丰富，但已经让我感到震撼：有居里夫人穿过的衣服和她使用过的实验用具，还有一些发黄的纸页，上面有居里夫人留下的文字和化学分析图表。还有居里夫人的许多照片——她年轻时和父母、成年后和丈夫儿女的合影，还有和当时包括爱因斯坦在内的科学家们的合影。

↓青年时期的居里夫人

我并不懂作为科学家的居里夫人所研究的专业，但她的高尚品质却一直让我崇敬，并一直是我给学生的教育资源。

毫无疑问，居里夫人有着非凡的智商，但她的刻苦、勤奋和坚忍也是远远超出常人的。她有着高度的自我牺牲的奉献精神，早年她为了供姐姐上学，甘愿去别人家里做用人。提取纯镭所需要的沥青铀矿，在当时是很昂贵的，她和丈夫从生活费中一点一滴地节省，先后买了八九吨，最后居里夫人却把千辛万苦提炼出来的价值高达 100 万金法郎的镭，无偿地赠送给了研究治癌的实验室。

居里夫人是历史上第一个获得两项诺贝尔奖的人，而且是在两个不同的领域，可以说在科学界乃至整个世界都功勋盖世，然而她却藐视名利，最厌烦那些无聊的应酬，从不以自己的科学成果捞取任何个人私利。在镭提炼成功以后，有人劝他们向政府申请专利权，垄断镭的制造以此发大财。居里夫人对此说："那是违背科学精神的，科学家的研究成果应该公开发表，别人要研制，不应受到任何限制。""何况镭是对病人有好处的，我们不应当借此来谋利。"所以居里夫人去世后，爱因斯坦这样评价她："在所有的世界著名人物中，玛丽·居里是唯一没有被盛名宠坏的人！"

让我特别敬重的，还有居里夫人面对人生的不幸乃至灾难所表现出来的坚强，和专注于科学研究的毅力。1906 年，居里先生因车祸而不幸去世，居里夫人承受着巨大的痛苦，"化悲痛为力量"，加倍努力地实现两个人共同的科学宏愿。她还曾经历一次恋情风波，被舆论攻击，精神遭受巨大的创伤。但 1911 年 12 月，在历尽风波后，居里夫人到斯德哥尔摩领取第二个诺贝尔奖，再次向世人证明了自己的坚强和天赋。

由于几十年从事自己所钟爱的放射性物质的研究工作，居里夫人时常受到放射性元素的侵袭，她的血液系统渐渐受到了破坏，患上白血病。她还患有肺病、眼病、胆病、肾病……她曾忍受着眼睛失明的恐惧，顽强地进行科学研究。直到她生命的最后一刻，由于恶性贫血、高烧不退躺在床上的时候，她仍然要求女儿向她报告实验室里的工作情况，替她校对她写的《放射性》著作。

1934 年 7 月 4 日，居里夫人的心脏停止了跳动，享年 67 岁——对于一位科学家来说，这本来是一个极富创造力的年龄，但她因热爱而把全部生命贡献给了放射科学，献给了她所挚爱的科学事业。

我想，居里夫人为科学献身的精神，对待金钱与荣誉的淡然之心，爱国的坚定信念，理应穿过历史的天空，打破地域的限制，为所有人铭记、学习。

从居里夫人博物馆出来，我一再回望这普通却不平凡的白色小楼房。阳光下的居里夫人故居宁静而素雅，甚至有几分高贵。

肖邦在我身边
——华沙行（三）

继续前行。在克拉科夫郊区街华沙大学主校园的对面，屹立着一座高大雄伟的教堂，这是华沙著名的圣十字教堂。

圣十字教堂兴建于1682年，历经75年后，于1757年完工。但在第二次世界大战中却成为希特勒的首攻目标。1944年波兰军民以这座教堂为堡垒，举行英勇的反纳粹起义，战斗持续14天，但最后这座著名的教堂被完全摧毁，勇士们将鲜血洒在十字架下。现在我们看到的圣十字大教堂是战争硝烟散去后的1946年重建的。教堂外面有一张巨大的图片，向人们展示着教堂被毁前的模样。

据说，伟大的波兰音乐家肖邦生前不止一次到这座教堂做祈祷。肖邦后来因波兰亡国，而被迫流亡国外，寄居于法国巴黎，但他一直思念着祖国。肖邦去世前表示，希望死后自己的心脏能够被带回华沙。后来，人们将肖邦的心脏封在圣十字教堂的柱子里。

↓圣十字教堂

我在教堂里，久久凝视封存有肖邦心脏的柱子。从外观看，这根柱子和其他柱子没有什么不同，但因为里面有一颗伟大的心脏，我就感到这根柱子仿佛有一种灵性的光芒。

离开了圣十字教堂，我

↑封有肖邦心脏的石柱

↑肖邦博物馆外景

们来到肖邦博物馆。它坐落于奥斯特洛格斯基城堡内。该建筑修筑于砖墙砌成的支撑架构上，是 17 世纪晚期奥斯特洛格斯基公爵下令建造的一座巴洛克式宫殿，由荷兰著名建筑师蒂尔曼·哈默伦设计。几百年来，宫殿内部功用不断变化，并经历了数次整修。二战结束后，波兰人民根据前人的画作进行重建，于 1954 年基本恢复宫殿原貌，此后其成为肖邦博物馆。

据相关资料介绍，2010 年，即肖邦 200 周年诞辰之际，波兰政府出资对博物馆内部重新改造，增添了影像、声频等多媒体特效元素，整修后的肖邦博物馆据称是欧洲最高水准的个人传记类博物馆之一。博物馆展厅面积为 4600 平方米，比整修前扩大了近 1 倍。收藏品超过 500 件，包括肖邦的作品手稿、信件、文件、与他有关的绘画和雕塑等。博物馆共有 5 个展厅，分不同主题介绍肖邦出生地、在华沙的生活、在法国的生活和部分生活用品、在欧洲各地巡演的情况、肖邦和法国女作家乔治·桑的恋情等。

我注意到，肖邦的照片都是年轻的形象，这是因为肖邦因患肺结核，年仅 39 岁就离开了这个世界。在一个玻璃展柜里，陈列着肖邦的遗容面膜，和他的一缕头发。虽然他的生命只有 39 年，他却为我们留下了大约 200 部音乐作品。他的旋律至今还滋养着人类。

这个博物馆最大的特色是，通过多媒体互动的形式，参观者可以很便捷地欣赏肖邦的音乐。我坐在一个小小的玻璃屋内，戴上耳机，便可以听到美妙的旋律，并且可以随心所欲地选择曲子。在一架钢琴前，只要我在旁边拿出一本乐谱放在钢琴上，耳边会自然响起相应的旋律，而墙上会出现钢琴家演奏的情景。此时此刻，此情此景，让我感到肖邦就在身旁，并正在为我一个人演奏。

走在大街上，哥白尼的青铜雕像赫然醒目。他左手持着地球模型，右手指着远方，两眼顺着右手所指的方向遥望天空。

哥白尼、肖邦和居里夫人，是华沙的骄傲，是波兰的名片。一天之内，我就拜见了这三位我崇敬的波兰人，深感荣幸。

这里不到 4 点便是黄昏了。夕阳把一抹余晖洒在华沙的最高建筑——科学文化宫上。这座高约 230 米的著名建筑建成于 1955 年，是当年苏联送给波兰的礼物，所以整栋楼都是苏联建筑的风格。然而，许多波兰人认为这是苏联统治的象征，所以给它起了很多别有意义的绰号，例如“斯大林的注射器”“俄罗斯婚礼蛋糕”等。还有一些华沙人说这个“注射器”和周围的建筑风格不协调。

但作为一个外国人，我客观地看科学文化宫这座华沙市中心的地标性建筑，觉得它巍峨典雅，挺不错的。据说楼里有会议厅、电影院、博物馆、办

↓华沙科学文化宫外景

公室、展览馆等，定期还会举办国家文化展。可惜时间不允许，我没能进去。

来不及恐惧就瞬间死去，是最大的恐惧
——奥斯维辛集中营随想

初感阴冷的奥斯维辛集中营

雪不大，细盐似的在阴沉沉的空中飘着，但由于持续不停地洒落，地面、屋顶、树枝以及目光所及的原野上，都覆盖着洁白的积雪。窗外的冰雪世界，让我想到了70多年前，上百万不幸的人被赶到这里，走向死亡。

这是我们到波兰后最冷的一天。这份阴冷刚好与我们今天要参观的地点十分契合——我甚至难以想象，这个恐怖的地方会有阳光、白云和蓝天。

因为这里是奥斯维辛集中营。

奥斯维辛集中营位于波兰第二大城市克拉科夫市境内的一个小镇。克拉科夫曾经是波兰的首都。二战中，它幸运地躲过了炮火的灭顶之灾，保留着中世纪的建筑和街景，尤其是雄伟壮丽的瓦维尔城堡，令人惊叹。

作为纳粹德国建立的最大也最有影响力的劳动营和灭绝营，有超过110万的人在这里被杀害，其中绝大部分是犹太人。1979年，联合国教科文组织将其列入《世界文化遗产名录》，以警示世界永远不要忘记这里发生的人类的耻辱与灾难，永远告别战争，珍爱和平。

我以前通过《辛德勒名单》《美丽人生》《穿条纹睡衣的男孩》等经典电影，已经比较形象地感受到了纳粹德国建立的集中营的残忍与恐怖，但这次身临其境，心灵所受到的震撼还是超过了预想。

使人失去生命与自由的“劳动”

“劳动使人自由”，这是写在集中营大门上的一句话。但这里的劳动却让人不但失去了自由，也失去了生命。

一层层的铁丝网，和我想象中的集中营相吻合；但有些让我意外的，是这里的监狱远不像我想象的那么简陋，相反，这些房子造型古朴，精致典雅，

↑奥斯维辛集中营的大门

排列有序，整整齐齐，如同办公楼或公寓。一方面是因为这里是附近几座集中营统一的行政管理区域，那些房子不完全是监狱；另一方面，这里最初并不是专门灭绝犹太人的地方，而只是强制集中收容政治犯、战俘、知识分子、同性恋者的监狱，是由原本的军营改建的，因此显得比较“正规”。

然而，当我们走近一栋栋楼房，并置身于一间间屋子时，浓浓的血腥味甚至死亡的气息便扑面而来，令人窒息。

据资料介绍，1940年6月14日到1945年1月27日，约有130万人被纳粹德国强制移送至奥斯维辛集中营，其中约有110万犹太人，还有来自波兰、意大利、法国、匈牙利、斯洛伐克、荷兰等23个二战时德国占领区的人。

一张张巨幅照片，展示着当年被运到这里的犹太人形象。有中年夫妇，有老人和孩子。有的拎着包，有的拖着行李箱，有的抱着幼小的孩子。他们表情木然，眼神迷茫。他们也许只是被告知要去隔离区生活，但他们完全想象不到，他们一到这里，便被“筛选”，然后他们或暂时存活或立刻死亡的

↑运抵集中营的犹太人等待着纳粹的“筛选”

命运，便被这“筛选”决定了。

旁边的文字说明，在押送犯人的列车到达奥斯维辛站台时，犹太人被分为有劳动能力和无劳动能力的。前者就是身体尚好的青壮年，他们被强行开始沉重的劳动；后者则是体弱或失去劳动能力的人，他们会被立刻处死。因为在纳粹看来，这些“无用”的人多活一天，就得多消耗一天食物，不如干脆杀了。

因此，90% 的人在到达集中营的当天即刻被送进毒气室惨遭屠杀。

所谓“惨遭屠杀”是我们现在的描述，而当时走进毒气室的人并不知道自己即将被杀害，因为他们是被“骗”进毒气室的——的确是骗。纳粹看守会很和善地对犹太人说：“远道而来，先去洗个澡吧！”于是犹太人们排着队走进“浴室”，平静自然地脱掉衣服，并习惯性地把衣服折叠放好，然后心情放松地去“淋浴”。这些可怜的老人、妇女、儿童和体弱的人哪里知道，他们一进去就再也出不来了，他们的生命就这样结束了——毒气室一旦装满人之后，纳粹看守就将铁门关闭，开始往室内释放毒气，所有人都不可能逃出来，就这样惨死于毒气。

↓集中营里的焚尸炉

女儿说：“他们死于不被知会，不被记录，且来不及恐惧，来不及憎恨。”

我想，“来不及恐惧”的死亡，是多么令人恐惧！

但纳粹的暴行还没结束，他们还会将死者身上所有能利用的部分全部掠走，不只是金牙和头发，有些带着好看文身的皮肤也会被剥下来，之后才会将尸体送进焚尸炉中！

70 多年过去了，此刻，照片上展示的罐头一样的毒气罐以及眼前的焚尸炉，还在无声地诉说着那无法想象也不忍想象的惨景。

命运在这里被程序化

暂时没有被处死的犹太人，则过着猪狗般的日子，生不如死，他们每天仅仅获得 1500—1700 卡路里热量的粗劣食物，却要承受 11 个小时以上的沉重劳役。早晨出去时，都是列队前行，到了晚上，许多人都是被同伴抬着回到营房的。即使在营房，他们也是挤靠在格子般的睡房里，在狭小空间中得到片刻喘息。

劳动中，他们还会受到极为严苛的监督，比如推独轮车时，只要独轮车斜了或倒了，就会遭到毒打。平时，纳粹随时都可能以各种“理由”处决犹太人。在 11 号楼和 12 号楼之间的空地，就是当年经常处决犹太人的地方。

纳粹处死犹太人相当随意。如果一个犯人逃跑，他的家人就会被抓，并且和他同一劳动小组的 10 个人会被随机挑选出来枪毙。有一次，纳粹挑中了一名犹太人，这名犹太人哀求：“我家里有小孩，希望能够饶恕我，放过

↓犹太人在空间狭小的睡房里休息

↓处决犹太人的楼间空地

我吧！”翻译将这个人说的波兰语翻译成德语告诉纳粹，纳粹就用德语回答：“好吧，那我这次就放你一次，但我希望不要出现第二次，否则就把你扔进焚化炉！”纳粹说着便顺手指了一下焚化炉。翻译还没来得及将这句话翻译成波兰语，这人一看纳粹指着焚化炉的手势，以为自己被选中，便向前走了一步，出了队列，翻译赶紧制止他：“快退回去，没选你。”纳粹一看他已经站出来了，便说：“既然站出来了，那就是你了。”于是，这个人便被处死了。

没有被处决的犹太人，一旦失去了劳动能力，也会被送到集中营内设的很多“医学实验室”，里面的医生和护士们并不是在救死扶伤，而是用活人进行各种反人类的实验。这些失去劳动力的人，就是他们的实验对象。

饥饿每时每刻都折磨着这里的犹太人。墙上照片中，被囚者瘦骨嶙峋的形象触目惊心。有一张照片说明，进入集中营前身高 160 厘米、体重 60 千克左右的人，被解救时体重仅有 25 千克左右。还有两张对比照片，让我们看到一位战前身着泳装的丰腴美女，如何在集中营里被折磨得只剩一副被皮包着的骨架！

还有那些可怜的孕妇和孩子！ 1942 年 3 月起，孕妇开始被送往这里。在一年多的时间里，凡是在集中营里出生的婴儿都被纳粹杀死——大部分是被注射药物毒杀或直接放进水桶里溺死。这些刚刚哭啼了几声的孩子还来不及看一眼这个世界，一出生便是死亡！

一开始纳粹强行将孩子与母亲分开送往集中营。据目击者回忆，分别的场面充满撕心裂肺的号哭声，严重影响了纳粹的“工作效率”。后来纳粹意识到，让母亲和孩子在一起，能够减轻运送压力，提高“效率”，所以他们不再让母子分离，干脆将母亲们和她们的孩子一起送进毒气室！

在营房的走廊上，展示着被关押者的照片，每张照片都标明这个人的出生时间和职业。我仔细看了看，他们当中有教师、医生、工程师、律师，还有学生。年长的有六七十岁，年轻的只有二十岁左右。面对纳粹的镜头，他们的表情或惊恐，或木然。

满墙表情相同的面孔，本来有着不同的家庭背景和人生道路，但仅仅因为他们是犹太人，最后他们的命运在这里被程序化、格式化，统一走向了死亡。

奥斯维辛二号——比克瑙集中营

随着被运来的犹太人一天天增多，奥斯维辛集中营显然不够用了。于是，纳粹又在附近修建了二号营，即奥斯维辛二号（比克瑙集中营）。和奥斯维辛一号集中营相比，这里不是监狱，而是屠场。

高高的瞭望塔，密集的铁丝网，简陋的房屋，还有通往远方的铁轨……这是奥斯维辛二号比克瑙集中营的标志。我走到铁轨前蹲下，尽可能低头，把耳朵靠近铁轨，想听听当年的铁车驶来的回声。

现在，这里还停留着一节当年的车厢，供人参观。车厢前站着许多人，和当年的情景相似，不同的是，当年这里站的人群是木然走向死亡，而此刻站着的人群，是没有死亡危险但心情沉重的游客。

在奥斯维辛集中营开设的 4 年多的时间里，有 110 万至 150 万人丧生于此，最疯狂的时候，每天有 6000 多人被残忍杀害。在 1945 年 1 月 27 日苏军解放奥斯维辛集中营时，仅剩下 7650 名幸存者，其中有 130 名儿童。

令人深思的是，这些杀人者并非愚昧的屠夫，相反，纳粹军人大多都

↓比克瑙集中营前的铁路

有着较高的文化素质。用今天的话来说，纳粹的暴行，大多属于“高智商犯罪”。

比如，集中营里的医生，并不是救死扶伤的，而是来草菅人命的。其中有一位知名度很高的医生，叫约瑟夫·门格勒。他有很多绰号：“死亡天使”“死神医生”“屠夫”……他的职责就是每天将犹太囚犯进行筛选，然后送到毒气室杀死或做一些活体实验，为希特勒的“人种改良”计划尽心尽力。根据调查，死于这位屠夫之手的有38万人之多。

↑被积雪覆盖的毒气室废墟

他有一个著名的实验是关于眼球的实验。门格勒将颜料注入未经麻醉的孩子的眼球里，听着孩子因疼痛而发出撕心裂肺的哭喊，他也无动于衷，而是“冷静”地观察“实验结果”。据集中营的另一个医生说：“门格勒有张木桌上摆满了眼球，而且都是不同颜色的，它们还都被贴上了标签，一一编号。”

毒气室的设计者、建造者和使用者以及屠杀的操作者，都是纳粹科学家。他们撤退时，炸毁了毒气室。此刻，毒气室的废墟上覆盖着大雪，但无论多少晶莹洁白的积雪都掩盖不住血腥的罪恶。

离开时沉重的脚步

我想到了很久前读过的一封信。据说写信者是德国纳粹集中营的幸存者。战后他辗转到美国，做了一所中学的校长。

每当新教师来到学校，他都会交给新教师一封信。信中这样写道：

亲爱的老师，我是一名纳粹集中营中的幸存者，我亲眼看到了人类不应当见到的情境：

毒气室由学有专长的工程师建造，儿童被学识渊博的医生毒死，幼儿被训练有素的护士杀害，妇女和婴儿被受过高中或大学教育的士兵枪杀。

看到这一切，我疑惑了：教育究竟是为了什么？

我的请求是：请你帮助学生成长为具有人性的人。你们的努力绝不应当被用于创造学识渊博的怪物，多才多艺的变态狂，受过高等教育的屠夫。

只有在使我们的孩子具有人性的情况下，读写算的能力才有其价值。

不知这位校长是否确有其人，这封信的真伪也无法证实，但这几段文字描述的内容却有着无可辩驳的真实。哪怕这封信是一篇文学作品，它也有着振聋发聩的警示力量。我更加坚定不移地认为——

教育，首先不仅仅是培养“人才”，而是培养完整的人。仅仅拥有专门知识和专业技能的“人才”，未必是真正的“人”；而完整的人，就意味着他必然是既有知识技能，更有人文情怀的有益于他人、社会、国家乃至全人类的人才。

我知道，德国是一个尊重言论自由的国家，但宣扬纳粹例外。1994 年，德国议会通过《反纳粹与反刑事罪法》，规定不准以任何形式宣扬纳粹思想，严格禁止使用纳粹标志，任何发表否认纳粹大屠杀的言论都将受到严惩。因此在德国以任何方式宣扬纳粹都会被法律追究。前年几位游客在德国国会大厦前拍照时模仿行了纳粹礼，虽然他们纯粹是“闹着玩儿”的，却被警方逮捕，面临最高被判三年有期徒刑的可能，后来交了保释金才得以释放。我以前不太明白为什么这么严苛，现在我理解了，而且觉得完全应该。

人类的犯罪，不得以任何形式重现。对历史罪行的遗忘甚至否认，就是罪行的延续。

当我们从写着“出口”的地方离开时，女儿说她有一种不可思议的感觉：“76 年前，谁敢相信，今天来这里的每一个人都可以活着离开奥斯维辛集中营？”

多瑙河在燃烧……

那天坐火车从波兰的拉夫科夫市到斯洛伐克共和国的首都布拉迪斯拉发市时，虽然才下午4点过，但天已经黑了。我们打的从火车站去预订的酒店。快下车时，司机指着窗外远处的一条河，说了一句英语，其实我根本不懂他说什么，但“多瑙”的发音让我马上反应过来，忍不住脱口而出：“多瑙河！”

情不自禁往窗外看，遗憾的是，夜幕下黑乎乎的一片，什么都看不清。

我第一次听说“多瑙河”这个名字，是小学时看罗马尼亚电影《多瑙河之波》；再大一些，听名曲《多瑙河之波圆舞曲》和《蓝色多瑙河》，深信这应该是一条美丽的河。

第二天过5点我就醒了。撩开窗帘，外面一片黑暗。但夜空中挂着的皎洁月亮给了我惊喜，也给了我胆量：冒险出去拍斯洛伐克的月亮！之所以说“冒险”，是因为这么早，我拿不准会不会有什么治安隐患，而且如果遇到什么意外，我语言不通，如何与人交流？

但月亮太诱人，不管了！

穿着厚厚的羽绒服，戴着帽子、围巾和手套，挎着相机出门了。城市还在沉睡，街上冷冷清清。格外孤独的月亮，与教堂的尖顶相伴；它镶嵌在天空中，如同一只明亮的眼睛，注视着多瑙河畔这座还没醒来的城市。

我移步河边，换个角度观看，月亮便低低地垂在了多瑙河之上。岸边灯火的倒影在多瑙河水面上微微颤动，让人感到这是一条默默流淌的河。此时的月亮已近下弦，不如望月那般圆满，但还有着孕妇一般的丰腴。此刻，这枚柔美的月亮，正把自己柔和的光泽洒向多瑙河的水面。

↓柔美的月亮注视着多瑙河

黎明时分，曙色初露。

深蓝的天幕现出深浅不一的带状云层，如同厚厚的蓝色棉被，挺着大肚子的月亮正好躺在上面。在月亮和水面之间，是极富层次感的光带。月亮下面是浅蓝色，浅蓝色下面是淡红的曙色，再下面是一条横跨多瑙河的大桥，桥栏上灯光点点，如串串晶莹的珍珠；而点点灯光投射在水面，便形成排列整齐的光柱，连同岸边其他灯光的倒影，编织成璀璨的毯子。色彩缤纷的河水与洁白素雅的月亮，上下衬映，和谐别致。

渐渐地，夜幕开始褪色，淡红变成了橘红。水面上不时有一两只海鸥掠过。慢慢地，海鸥越来越多，好像是它们唤醒了天空。天空越来越亮，开始布满红云。成群结队的海鸥与彩霞一起翻飞，甚至更加激昂地在红色的天幕中舞蹈。

此刻的水面流光溢彩。橘红色的多瑙河，在温柔的晨风的亲吻下，幸福得微微颤抖。于是整条河都跳动着闪烁着橘红色的细碎波浪。不时有几只海鸥从空中俯冲下来，贴着水面滑行，微微划过水面，又一跃而上，冲向越来越明亮的高空；或是一对两对海鸥，浮在水面，陶醉于晨曦中的多瑙河，悠闲地随波逐流。

我的视线越过对岸，远方的天空有一丝耀眼的光，我估计是朝阳正在艰难地分娩。大桥后面的树林，阻挡了我开阔的视野，我只能看到树林中太阳越来越大，越来越耀眼。漫天的海鸥在欢呼，林中的火球在升腾，整条多瑙河都在燃烧……

这是多瑙河给我的一份隆重的见面礼。

但早晨的明媚并没有持续多久，满以为这么壮丽的日出会带来一天的晴朗，没想到等我回酒店吃了早餐再次出门，天却阴了下来。等我们步行到了市中心山顶上古老的布拉迪斯拉发城堡时，天空竟然飘起了雪花，俯瞰整个布拉迪斯拉发，鳞次栉比的高楼之间，多瑙河朦朦胧胧，有了几分神秘的色彩。

中午，我们乘坐火车离开这座城市时，大雪纷飞，天地之间已白雪皑皑。

多瑙河的明媚与忧伤
——布达佩斯印象（一）

坐落于多瑙河中游两岸的布达佩斯，早先其实是遥遥相对的两座城市——西岸为布达，东岸为佩斯，1873 年两座城市合并成“布达佩斯”。

第二天早晨一出门，扑面而来的阳光，让我们的心情也无比晴朗。清静的大街上，一排排典型的欧式建筑，沐浴着阳光，庄严而静谧。街边的大树已经褪下了叶子，苍劲的树枝被阳光涂抹在高楼的墙上，这些大写意一般的剪影抚摸着那些精美的窗户和门楣，颇有情趣。

碧蓝的天空如大海一般浩瀚，一枚淡淡的月亮，若有似无地浮在“海面”。偶尔掠过一架飞机，机尾长长的烟雾画过，在“海面”留下气势磅礴的洁白弧线。

公交车在市区穿行，教堂的塔尖、游乐场的摩天巨轮、多瑙河泛金的水面以及逆光中的桥梁……一一在窗外掠过。我们来到多瑙河东岸的城堡山下，踏着积雪往上走。快到山顶时抬头看上去，古树的枝丫之间，高高的教堂尖顶直插蓝天。著名的马加什教堂到了。

据导游手册介绍，这个外观属新哥特式的教堂，其实蕴含了匈牙利民俗、新艺术风格和土耳其设计等多种风格，特别是一旁的白色尖塔和彩色屋

↓马加什教堂外景

顶，为整个教堂增加了些许趣味和生动，教堂内部的彩绘玻璃和壁画，更是不能错过的重点。马加什教堂原本是布达圣母教会，后因匈牙利国王马加什在此举行婚礼而改名，也是匈牙利国王加冕之处，所以又被称作“加冕教堂”。该教堂始建于13世纪，后来经过多次修整，经历改朝换代的时代变迁，使马加什教堂从最早的天主教堂，在土耳其占领时改为清真寺院，之后又加入了巴洛克和新哥特风味，因而成就现代别具特色的教堂。现在，教堂内会不定时举行音乐会或教会活动。

我不懂建筑艺术，对教堂建筑更是外行。但以我这个外行人的眼光看，也能看出马加什教堂与别处教堂的不一样。它之所以被称作“新哥特式的教堂”，是因为它虽然有着哥特式建筑的基本特点，但在设计上抛弃了传统哥特式建筑的对称结构，独具匠心地将高高的钟楼修建在教堂的一角，这使得整座建筑一下子有了几分活泼，凝重的教堂与轻盈的钟楼相映成趣。教堂的拱顶尤为壮观，彩色玻璃镶嵌而成的图案，反射着阳光，跳动着耀眼的色彩。教堂两侧高耸若干尖塔楼，其中最高的一个呈圆柱形。它下半部分的四周布有5层尖拱顶的长窗，每一层都是经过雕镂的象牙塔，精美细腻；塔柱越往上越细越尖，抬头极目，尖细的塔顶最后似乎渐渐融入苍穹。我后退几十米回望，塔楼宛如插在大地上的一把利剑，巍然屹立，遥指蓝天。无声的建筑，却让我听到了壮美的音乐，难怪著名作家雨果曾赞誉马加什教堂是一首“石头的交响曲”。

↓蓝天下的渔人堡

教堂外面，有一圈回廊式的建筑，是著名的渔人堡。和古老的教堂相比，渔人堡建成不过100余年，最早这里曾是个鱼市，后来渔民们为了保护自己的利益而修建了此堡，以作防御之用。因此这里的确是一个“堡”，不但有城墙，还有瞭望塔。但这里现在已经没有了渔人的气息，而成了一个绝佳的观景台，今天还有一对新人在这里举行婚礼。

站在上面，俯瞰布达佩斯全景，多瑙河上的几座大桥、桥下河面上缓缓行驶的游船，还有国会大厦以及远远近近的高楼塔尖……游人到了这里，就能明白为什么布达佩斯有“东欧巴黎”和“多瑙河明珠”的美誉。

离开马加什教堂和渔人堡，我们进入古王宫。城堡山的整个南端都被规模宏大的古王宫占据，由此可以想见王宫的规模是何等浩大。这座最早建造于13世纪，当时只不过是座简陋的筑有高墙的堡中之堡，直到十五六世纪才逐渐形成具有三大庭院的哥特式宫廷建筑。几百年来，几经战乱，六次被毁六次重建，最后成为欧洲最辉煌的王宫之一。最近遭遇的一次不幸，是二战的炮火又几乎将它变成废墟。又经过几十年的修复，今天这座宫殿向游人开放，它的正殿已被辟为“民族画廊”，即国家美术馆和博物馆。

在三层巨型大厅里展示着匈牙利历代名画家的大量绘画和雕塑精品。真正看懂这些艺术珍品得了解相应的文化背景知识，包括宗教典故，我显然不具备这些素养，但一座座人物雕塑所展示的逼真的造型、生动的表情、流畅的线条、饱满的力量……一幅幅油画所描绘的明媚的笑容、暗淡的忧伤、细腻的肌肤、鲜活的细节……我还是能够感受到的。艺术有时不是要观众“明白”，而是让观众“感动”。

↓古朴典雅的古王宫

意外的感动来自一场美妙的合唱。在二楼和三楼之间展室外的圆形大厅里，我邂逅了一场精彩的合唱。表演者们站在合唱台上，手捧曲谱，随着一位极富艺术家气质的指挥而演唱。她们的面容不再年轻，却散发着高贵的气质；她们的声音依然有着少女般的清澈圆润、纯净和谐——如清晨的林中射来温暖的朝晖，如寂静的山涧流过活泼的清泉，让人心境一下变得舒缓、轻盈而自由。

从城堡山下来，我们便踏上了著名的链子桥。链子桥是布达佩斯的标志，很多有关这座城市的电影或图片里都有这座桥的形象。它是多瑙河上连接布达和佩斯的第一座桥，据说是多瑙河上最美的桥。链子桥由英国造桥大师威廉·蒂尔尼·克拉克设计，1850 年，匈牙利设计家亚诺士设计了链子桥两端的狮子雕塑，狮爪紧紧抓住两岸，象征布达与佩斯紧紧相连。

链子桥中间是车行道，两侧为人行道。缓缓行走在链子桥上，我才感觉自己真正走近了多瑙河。往上游看去，逆光下的河水缓缓而来，流进我的怀抱。两岸高楼之间高低不齐、刺向蓝天的塔尖，让我明白了为什么布达佩斯又被称作“千塔之城”。

往下游看，晴空下的多瑙河，果真是蓝色的——它倒映着蓝天，继续缓缓前行；水面上的一群群海鸥却一点都不“舒缓”，它们欢呼着，以蓝天为

↓连接布达与佩斯的链子桥

幕布，在多瑙河上激情舞蹈，于是默默前行的多瑙河，以及两岸静静矗立的楼房，仿佛也随着海鸥们的翻飞而有了动感。

走过链子桥便踏上了东岸。前行一段路，远远地看到河边有一排鞋子，好像是有人将这些被打湿了的鞋子放在阳光下晒干。走近一看，这些鞋子大小不一，式样各异，有童鞋，有皮鞋，有凉鞋……我蹲下细看，这些鞋都是铁铸的！在长达 50 米左右的岸边，这些鞋并非整齐排列，而是很随意地扔在那里，有的鞋斜放着甚至倒放着……但所有鞋子的鞋尖都朝着多瑙河。

原来，这是一件主题沉重、构思巧妙的雕塑作品，用以纪念二战时被屠杀的波兰犹太人。

但这些犹太人不是被纳粹屠杀的，而是长期活跃在匈牙利的极右组织“箭十字党”做的。1944 年 3 月纳粹攻占匈牙利后，亲近纳粹法西斯的“箭十字党”顺势上台，他们效仿纳粹德国对犹太人实行赶尽杀绝的政策，把大批犹太人赶到多瑙河畔集体枪杀，具体地点正是链子桥附近的岸边。在行刑前，他们要求犹太人脱去鞋子——因为鞋子可以拿去交易换钱。随着一排排枪声，成千上万中弹后的犹太人坠入冰冷的多瑙河，岸边留下一双双沾满血迹的鞋子。在二战前和二战期间，匈牙利被屠杀的犹太人人数达 60 万。

没有历史图片，没有文字说明，但这组鞋子的群雕，是怎样地震撼人心！和一般的纪念碑或人物雕塑不同，这几十双乃至上百双铁鞋静静地躺在河边，却让后来路过这里的人们猝不及防地进入历史，进入那恐怖的一刻，好像听到了一个又一个犹太人扑通扑通掉进河里的声音，不，仿佛自己就是其中的一个犹太人……

↓寄托哀思的鞋子群雕

我还看见，在许多鞋子里，放着蜡烛，旁边还有鲜花，人们以这种方式寄托自己的哀思，并提醒人类永远不要忘记当年多瑙河上那惨绝人寰的一幕。

匈牙利发生了什么
——布达佩斯印象（二）

沿着多瑙河继续往前走，便来到了国会大厦。这又是一组面向多瑙河的雄伟建筑群。建筑式样模仿了伦敦国会大厦，采用当时流行的哥特式建筑风格，把众多垂直细长的元素融入了整个建筑中，使国会大厦及周围的建筑看起来古典而现代。

国会大厦前有一个广场，中心屹立着高耸的旗杆，匈牙利国旗在蓝天上轻轻飘着。据说这面国旗被换过，以前飘扬的国旗上有一个洞，那是匈牙利人民将国旗上的苏联符号抠去，以表达对苏联强权的不满。

国旗下有两名站岗的士兵，或庄严肃立，或环绕旗杆走一圈正步。奇怪的是，士兵并排走正步时，居然还说笑着，一点都不严肃。

↓雄伟的国会大厦

我在广场前从不同的角度拍摄雄伟的国会大厦。突然，我看到身边有一面长长的褐色金属墙，上面有许多弹孔，我原以为是二战的遗留物，但我又很快看到弹孔旁有四个数字“1956”。这应该指的是一个年份。

↓“匈牙利十月事件”纪念性建筑

1956？我一下反应过来——这是为纪念1956年“匈牙利十月事件”而建。

我的思绪一下活跃起来，少年时代在头脑里储存的国际共产主义运动史的许多信息，一下被激活了。

所谓“匈牙利十月事件”，

是指 1956 年 10 月 23 日至 11 月 4 日，匈牙利民众和平游行而引发的武装暴动。最初以学生运动开始，最后以苏联军队入驻匈牙利并配合匈牙利国家安全局进行血腥镇压而结束。1991 年，匈牙利当局公布了一份当年的绝密报告：事件中死亡人数共计 2700 人，其中体力劳动者 1330 人，大专院校学生 44 人，中学生 196 人。约 13000 人受伤，另有 20 余万匈牙利人成为难民。而苏联方面也付出了 722 人死亡、1251 人受伤的惨重代价。

人们对“匈牙利十月事件”性质的认识经过一番波折，最终将其称作“人民起义”。所以现在的国会大厦附近，有纳吉的雕像，有无名烈士纪念碑，当然还有我前面提到的“1956”纪念碑……

↑眺望匈牙利国会大厦的纳吉雕像

我不是专门研究“匈牙利十月事件”的学者，但作为一名普通的中国知识分子，我同意学术界这样一种看法：当年的“匈牙利十月事件”是匈牙利人民为摆脱苏联社会主义僵化模式的一次反抗，但当年以“社会主义大家庭家长”自居的苏联，却不能容忍本阵营内有不同于苏联模式的“改革”，他们出兵匈牙利，粗暴侵犯一个主权国家，于是运动被残酷镇压，改革派领导人纳吉被处决。这是社会主义运动的悲剧，也极大地损害了国际共产主义运动的声誉。

可以说，从苏联军队武装干涉“匈牙利事件”和“布拉格之春”开始，他们的枪声就宣告了自己将来的失败。

但这绝不是社会主义的失败与死亡。从 20 世纪 50 年代开始，当时鉴于包括“匈牙利十月事件”在内的东欧一系列“事件”，中国共产党的最高领导人便开始思考社会主义建设事业的中国化道路。

站在“匈牙利十月事件”纪念碑前，我突然想起诗人裴多菲。他是匈牙利著名的爱国主义战士和诗人。他在25岁那年，领导了匈牙利首都布达佩斯的武装起义，这次起义后来演变成伟大的爱国战争。裴多菲以诗歌为武器，手持战刀和羽毛笔，驰骋于战场，最后壮烈牺牲于疆场，年仅26岁零7个月。

很遗憾，时间太短，我无法在布达佩斯寻找他的遗迹。

但当我想到1956年匈牙利人民的抗争时，不禁感慨万千："革命"也好，"改革"也好，终极目标是给国家以富强，给社会以民主，给人民以自由！

想到"自由"，裴多菲的一首短诗，蓦然闪现脑海：

"生命诚可贵，爱情价更高。若为自由故，二者皆可抛。"

维也纳金色大厅

到了维也纳而不听一场音乐会，说"白来了"可能有些夸张，但确实有些对不住这座城市。到达维也纳已是下午6点多，此时天完全黑了。我们步行前往金色大厅，一走出酒店，就看到不远处有一座十分耀眼的建筑。其雄伟的轮廓，尤其是它的尖顶被灯光投放在夜幕上，显得格外巍峨，这就是著名的查理教堂。维也纳音乐协会大楼与它隔街相望，这是一座意大利文艺复兴式的建筑，规模和气势虽不如查理教堂，但它庄严、典雅而辉煌，通体闪烁着金色的光芒，其富丽堂皇程度毫不逊色。

↓维也纳音乐协会大楼夜景

我们通常所说的维也纳金色大厅并不是一座独立的建筑，而是维也纳音乐协会大楼的一部分，该建筑物中有多个音乐厅，除金色大厅外，还包括勃拉姆斯厅和莫扎特厅等演出大厅。金色大厅是最著名的一个演出厅，是维也纳爱乐乐团的常年演

↑维也纳金色大厅

出场地，每年的维也纳新年音乐会也都在这里举行。所以，有时候我们也用“金色大厅”来指代整幢大楼。

走进大楼等待检票时，我看到里面到处都是音乐家的塑像。步入金色大厅，我第一个感觉是：“金色大厅果然是金色的！”通常我们爱用“金碧辉煌”形容某一建筑的美轮美奂，但如果用这个词来描述维也纳金色大厅，那就不是形容，而是写实。

华丽的吊灯，让金色大厅璀璨无比。整个大厅的色调以金色为主，屋顶为平顶镶板，上面很多画像也都用金框包裹。两侧有楼厅和柱子，柱子上雕有音乐女神像……但所谓“金色大厅”并不只是因为有这些灯光和镶金装饰物，还因为其音响效果的一流。

大厅里的所有装饰和设计，不仅仅为了美观，还具有增强音响效果的功能——墙上和柱子上的雕像等装饰物，延长并舒缓了原本直接撞击到墙壁上的乐音。大厅的木质地板和墙壁就像是小提琴的共鸣箱，使乐队演奏的声音在厅内振动和回旋，达到最佳效果。

资料介绍，当时“声学”还未被提倡，但建筑师对共鸣与传声有独到的研究心得，在高台木质地板下挖出一个空间，仔细计算楼上包厢的分割与墙面女神柱的排列，天花板和墙壁使用防止静电干扰的建材。金色大厅长48.8米、宽19.1米，高17.75米。因为狭长，所以被称作“鞋盒形建筑”。大厅有座位1680个，站位500个。但因为独具匠心的设计，所以厅内的听众不论其座位远近高低，都能享受到同样水平的音乐演奏。因此，所谓“金色”更有高品质的音响效果的含义。

与金色大厅品质相匹配的，更有维也纳人较高的音乐素养。我看到几乎所有的当地观众都身着正装，西装革履，不少人还打着领带。当然，我不可能带着西装来旅游，这让包括我在内的没穿西装的外国观众有些惭愧，但我们还是尽量衣着整洁。

走进大厅，全场座无虚席，几乎所有观众都正襟危坐，静静地等待着演出的开始。我看到在演出厅后面也坐着观众，他们完全看不到乐队，只能用耳朵听。在我们身后，还有买了站票的观众，他们没有座位，但个个穿着庄重，没有一点喧哗。

音乐是不需要翻译的国际通用语言。虽然我不了解每一支曲子的作者及创作背景，但演奏时不同器乐的彼此对比或呼应，以及旋律所表达的不同情绪——或激烈如滔天巨浪，或舒缓如林中微风……这个我是能够感受到的，我的精神自然随着音乐或心潮起伏，或宁静如水。两个小时的音乐会，我感觉过得很快。我觉得自己一直在音乐的海洋中畅游，我的心一直在天空的云彩间飘逸着。

一曲终了，指挥家那激昂的双臂一收束，最后好像是用两根手指轻轻一掐，气势磅礴的旋律戛然而止，整个大厅一丝声音都没有，而指挥的手势还凝固在空中；十几秒钟后，观众的掌声轰然炸响，而且是长时间的雷鸣般的掌声。在掌声中，指挥和演奏人员起立向观众致敬，然后缓缓退场。但观众们的掌声没有丝毫减弱，于是指挥又率领演奏人员返回，给大家鞠躬。如是者三，掌声才慢慢停止。

在维也纳的第二天，我们去了美泉宫。这是一座巴洛克艺术建筑，曾是神圣罗马帝国、奥地利帝国、奥匈帝国和哈布斯堡王朝家族的皇宫。传说1612年神圣罗马帝国皇帝马蒂亚斯狩猎于此，饮用此处泉水，觉得清爽甘洌，遂命此泉为“美泉”，此后“美泉”成为这一地区的名称。美泉宫及其花园被联合国教科文组织列入《世界文化遗产名录》，是维也纳最负盛名的旅游景点。

阳光透过如洗的碧空，如清泉般洒落在这座气势恢宏的建筑上，铺着厚厚积雪的广场泛着光辉，花园里的一座座人物雕塑，在冰天雪地静静地屹立着，接受着阳光的抚摸。

↑圣沃尔夫冈小镇冬季的湖泊

人间仙境莫过于此
——从圣沃尔夫冈到哈尔施塔特

完全猝不及防，我一下车便踏进了厚厚的积雪——整只脚都被路边积雪埋没了。整个世界都是明晃晃的，仔细看了看四周，原来我们是站在一个湖边，湖岸全是近半尺高的积雪，反射的阳光让人睁不开眼。

冬季里的湖面，泛起少许涟漪，默默等待来客；湖对岸陡峭的群山，把自己银色的雄姿映在湖面。天上有淡淡的云彩，时不时有几只海鸥飞过，给寂静的湖带来一点生机。

踩着积雪沿着湖岸向一个叫圣沃尔夫冈的小镇走去。其实小镇就在湖边，或者说就在水中——小教堂、小木屋、小庭院、小窗户……感觉整个小镇的倒影都在湖水中晃荡，似乎童话里的情景就在眼前。

最妙的是湖对岸，披着厚厚雪装的山坡上，点缀着积木式的小屋，疏密浓淡，好似一幅中国山水画。更妙的是，这山水画倒映在湖面，朦朦胧胧，又成了油画。两只野鸭缓缓从水面划过，悠闲而自在。

美不胜收——难怪奥地利这个小镇曾被评为“世界十大著名小镇”！

但等我第二天到了另一个小镇，同样面对湖光山色时，我才意识到，昨天的圣沃尔夫冈美景不过是盛宴之前的一碟开胃小菜而已。

饕餮大餐当然是眼下的哈尔施塔特。

下了火车首先看到的，是白雪皑皑的崇山峻岭，庄严而沉静。群山的腰间飘着一条云带。山脚下是一个湖，恰如镶嵌在山谷间的一块蓝宝石。汽艇在湖面画出长长的弧线，载着我们向对岸驶去。

远远看过去，对岸水边的山坡上高高低低、错落有致地排列着一些房子，房顶都盖着厚厚的积雪。黄的墙壁或红的屋檐在白雪中格外鲜艳。一座教堂挺拔的塔尖，在众多积木式的房舍中脱颖而出，遥指蓝天。

这湖就是哈尔施塔特湖，而湖畔的建筑群就是依山傍水的哈尔施塔特小镇。因为依山，所以整个镇几乎没有一条直路，长的几十米，短的几米，高低错落，逶迤曲折。而且道路狭窄，尤其是在大雪之后，有的路简直寸步难行。

不过积雪也有积雪的情趣。路旁的矮墙上，立着一座座稚拙的小雪人，在阳光中通体透亮。有的高坡由条石堆砌而成，白雪覆盖着石阶路面，而垂直的侧面则无雪，于是一段石阶便成了黑白相间的琴键。

我从来没有见过这么厚的积雪，哪怕是电影电视中。山坡上的房子大多是木质，三角形的屋顶上全压着几尺高的积雪，边沿切割过一般整齐，于是每家每户的房上都顶着一个大大的奶油蛋糕。

有的连片的房子建在水边，如吊脚楼一般悬在湖上。一群群的野鸭，在波光粼粼的湖面游着。它们游动的身子顶着阳光，于是细碎的光斑也在头上跳跃着。

奥地利的哈尔施塔特小镇于1997年被联合国教科文组织列为“世界文化遗产”。我很奇怪，为什么这么美的地方没被列为“世界自然遗产”呢？原来这里曾经拥有丰富的盐矿资源，留存下大量从盐矿遗址挖掘出的衣服及采盐工具、铁器时代的生活用具以及最早的蒸汽船模型等。因此这里又被称作“世界最古老的盐都”。

↓背盐人石雕

在镇上，我们看到一个背盐人的石雕。此刻，他的背上堆着厚厚的白雪，真的像是在背盐。

四周山太高，太阳很早就下山了。我们依旧乘船告别小镇。这时候一群群海鸥飞来了，在我们身边流连难舍。

当汽艇离开岸边时，色彩斑斓的哈尔施塔特渐渐离我们远去，整个小镇都一分为二——一半在山边，一半在湖面。不一会儿，湖面因汽艇驶过而泛起圈圈波纹，于是褐的枯树、白的积雪、黄的木墙、红的房檐……便搅成一团在水面舞蹈，刚才平滑如绸的湖面成了彩色的油画调色板。

“烟波不动影沉沉，碧色全无翠色深。”人间仙境，也不过如此吧？

莫扎特，上帝赐予的礼物

何为“萨尔茨堡”

在奥地利，“萨尔茨堡”至少有三个含义：第一，它是奥地利一个州的名字，这个州叫“萨尔茨堡州”；第二，它是这个州首府的名字，叫“萨尔茨堡市”，这个市是奥地利第四大城市；第三，它是一座古城堡的名字，这座城堡就叫“萨尔茨堡”。其实应该反过来说，是“萨尔茨堡”为一个州和一座

↓萨尔茨河畔的古城堡

城市命名。

萨尔茨古城堡坐落在萨尔茨堡市区的一个山丘上。作为保存完好的欧洲最大的中世纪城堡，它始建于1077年，但不是一次性完成的，而是由历任总主教逐步扩建而成。

一进入老城，远远地就会看到古城堡雄踞于萨尔茨河畔。我徒步上山，朝着城堡走去，最多10来分钟就走近了城堡。站在城堡外面，仰望城墙，不得不惊叹城堡要塞的坚固。城墙刀削一般垂直地从地面筑到天上，真的是坚不可摧、固若金汤了。

城堡内庭周边都是高高的城墙，过去用于防御的围墙，现在却成了游人观景的极佳平台。我站在朝西的平台前，一眼望去，城外的风景一览无余，雪中的田野、田野中的农舍、农舍周围的小树，还有远处披着银装的阿尔卑斯山脉，尽收眼底。

城堡的许多庭院、通道、房间，现在都成了博物馆的组成部分，如大主教举行盛大宗教仪式的厅堂、音乐厅、主教居室、兵器馆、囚犯馆、中世纪刑具展览馆，等等。站在千年古堡的房间里，看着一件件历史文物，听着解说器（有中文），感觉自己回到了历史中。

萨尔茨堡不仅仅有萨尔茨古堡，城市中央还有一座米拉贝尔宫，其美丽的宫殿、花园和喷泉，也吸引着成千上万的游客，可惜我去的时候是冬天，整个花园全被积雪覆盖，它的美丽我只能通过想象去憧憬。

另外，老城的萨尔茨堡大教堂，曾是莫扎特接受洗礼的圣堂，他曾在此

↓远眺城堡外景

担任管风琴师，教堂内至今还陈列着莫扎特当时演奏过的管风琴；而著名指挥家卡拉杨的葬礼，也是在这个大教堂举行的。萨尔茨堡近郊，还有好莱坞著名电影《音乐之声》的拍摄地……

但毫无疑问，在众多的景点中，最负盛名的还是萨尔茨古堡。

萨尔茨堡的名片——莫扎特

可以说，萨尔茨古堡是萨尔茨堡市的标志；然而，这座城市的名片却是莫扎特。

在萨尔茨堡市，到处都可以感受到莫扎特的存在：莫扎特音乐学院、莫扎特广场和莫扎特纪念铜像，街道上时不时可以看到莫扎特的画像，走在大街小巷可以听到莫扎特的音乐，甚至许多商店还有“莫扎特巧克力”……

是的，莫扎特出生于萨尔茨堡，并且一生中有一半的岁月都是在这座城市度过的。萨尔茨堡人有理由为莫扎特骄傲。

我去参观了莫扎特的一处故居，房间里展示着和莫扎特有关的一些文物，比如当时的乐器、莫扎特的书信和创作手稿等，特别珍贵的是这里还陈列着莫扎特的一缕头发和少年时使用的小提琴、乐谱等一些私人物品。虽然莫扎特已经离开这个世界 200 多年了，但他的遗物依然保存得这么好，让后来的人们得以感受这位伟大音乐家的气息。

我一直认为，大师级的艺术家，尤其是做音乐的，天赋是第一位的，其次是家庭氛围，再其次才是勤奋之类。如果没有文学家傅雷，就不会有傅聪——虽然傅雷是搞文学的，但我们通过他写给傅聪的信，可以看到傅雷有着非同一般的音乐修养；如果没有盛雪，就不会有盛中国——盛雪是著名的小提琴教授，他的 11 个孩子中有 10 个以音乐为专业，共有 9 人拉小提琴。当然，也有例外，比如马思聪的父母就不懂音乐，但我说的是“一般而言”。

由莫扎特练琴想到的

站在莫扎特故居里，我再次想到这点。莫扎特的父亲是宫廷天主教乐团的小提琴手，也是一位作曲家；母亲也热衷音乐且会拉大提琴和小提琴。看看，有这样的父母，小莫扎特如果不从事音乐，简直就对不住这个家庭！当然这是我夸张的说法，但身在这样的家庭，莫扎特想不成为音乐家，都不太可能，这的确一点都不夸张。

不过，有音乐天赋的人不一定有音乐爱好。比如贝多芬，最早就不爱好音乐，是父亲逼着他学习钢琴、小提琴，而其父心中的标杆就是莫扎特——他想用强制性手段将贝多芬培养成莫扎特式的神童，当然后来他成功了，这为后来许多家长树立了“榜样”。现在许多强迫孩子学琴的父母们可能就是把自己当作贝多芬之父，但他们的孩子未必有贝多芬的音乐天赋。

和4岁时开始被父亲逼着学琴的贝多芬相比，莫扎特很早就表现出对音乐的爱好，他3岁时能用钢琴弹奏乐曲，并能自己进行创作。据说有一次，他父亲与一位朋友一起回到家中，看到4岁的莫扎特正趴在五线谱纸上专心致志地划拉着什么，父亲问他在做什么，莫扎特头也不抬地说：“我在作曲。”小屁孩一本正经的回答，让两位大人哈哈大笑。但当父亲将儿子的作品认真看过之后，十分震惊，他从这写得歪歪扭扭的乐谱中看到了一位未来出类拔萃的作曲家。于是，他开始有意识地指导莫扎特作曲并带领他演出。看看，不是父亲逼着他学音乐，而是父亲被儿子的音乐天赋和爱好打动，进而对他进行培养的。

莫扎特7岁写了第一部小提琴协奏曲，8岁写了第一支交响乐，10岁写了第一出歌剧……7岁那一年，莫扎特开始随父亲先后到德国、法国、英国、荷兰、意大利等国进行为期10年的旅行演出，一直到17岁。因为他的演出太精彩，有些观众觉得不可思议，以为有神助，还要求他脱下手中的戒指。

按照某些传统的说法，莫扎特很容易成为“方仲永”，早慧的儿童将来不一定有伟大的成就。过早过度透支才华，很容易“泯然众人矣”。莫扎特虽然只活到35岁，他却留给世人622件传世作品，另外还有132件未完成的作品，总计754件！

因此有人评价道，莫扎特作为神童而在成年后成为大师，这在艺术史上还没有第二个。

如果莫扎特再活35年，这位天才会为人类的音乐做出怎样的贡献？无法想象。

“勤奋”的莫扎特

在谈到杰出人物的成长时，我们都喜欢用“勤奋”“刻苦”之类的词，来说明一个人的成功是多么不容易——需要克制，需要忍受，需要毅力，需要牺牲……

但我没有看到过关于莫扎特如何“勤奋”的任何记载。当然不是说他根本不用练琴就成了大师，当然不是！

莫扎特练起琴来也很“玩命”——据说从幼年起，他就能够在钢琴上演奏任意时长的曲子，一直不停地弹奏，直到有人叫他停下或者他自己觉得累了为止。我想，没有这样的痴迷和执着，莫扎特不可能成为莫扎特。

但这叫“勤奋”和“刻苦”吗？显然不是，这叫“爱好”。因为这种爱好，他能够长时间沉醉于练琴之中。我们认为他很“刻苦”，人家享受着呢！

我很不喜欢把名人的奋斗、执着与持之以恒，简单地说成“刻苦”。比如居里夫人，比如爱因斯坦，他们长时间地专注于自己的研究，一遍遍地从事着我们看来十分枯燥的实验，可人家却乐此不疲。哪是什么“勤奋”“刻苦”啊？

什么叫“勤奋”？词典上解释为“不懈地努力（工作或学习）”。什么叫“刻苦”呢？词典上解释为“肯下苦功夫；很能吃苦”。也就是说，忍受着种种痛苦，坚忍不拔地做着十分枯燥但应该去做的事，这叫“勤奋”和“刻苦”。

这能够解释莫扎特吗？当然不能。如果有人说莫扎特有“惊人的毅力”和“顽强的刻苦精神”，这不是笑话吗？据说爱迪生说过“天才就是百分之一的灵感加百分之九十九的汗水”，有人以此证明“勤奋”（汗水）的重要性；可这“百分之九十九的汗水”并非被迫付出和牺牲，而是当事人心甘情愿的享受啊！莫扎特不知疲倦地弹琴当然也有“汗水”，但这是痴迷的汗水，是享受的汗水。你非要说他是基于“宏伟抱负”和“远大理想”的“刻苦”，这不是很牵强吗？

所以我说，一个人无论做什么，只要是出于爱好，就和“勤奋”无关。有人通宵打麻将，在我看来多么“刻苦”，可如果你真要这么评价他，他会感到莫名其妙：“什么‘刻苦’不‘刻苦’？不就是玩吗？”

我一直反对别人说我“学习刻苦”“工作勤奋”“不容易啊，几十年如一日地坚守教育”云云，对我来说，教育就是爱好，与“勤奋”无关，更谈不上“坚韧不拔”地“坚守”——要我“咬着牙挺住”般地“坚守教育”，我一天都不愿意干。

同样，这次出来旅游，且行且写，每天都在“镇西茶馆”推出旅游文字，有朋友感慨：“不容易啊！每天都坚持写，这种勤奋，让我感动！”我却哭笑不得：有什么不容易的？不就是爱好和习惯嘛！

我不是反对工作勤奋和学习刻苦，需要勤奋和刻苦的时候，当然还是要提倡。但一个人如果能把工作、学习与爱好融为一体，不是更好吗？因为一个人如果是基于“应该”而不是“爱好”，被动地去完成任务，当然很高尚，但很痛苦。任何基于“勤奋”和“刻苦”的奋斗，都不会幸福。

我由莫扎特联想到“勤奋”这个话题，因而漫谈开去，已经不仅仅是在说莫扎特了。但我想，无论是天才如莫扎特，还是凡人如你我，就职业而言，只有不由自主地去爱，只有情不自禁地痴迷，只有心甘情愿地享受……才会有真正的幸福，也才会有真正的成功。

从莫扎特故居出来，不多远便来到莫扎特广场，这是全世界音乐家的朝圣地。广场上屹立着莫扎特的雕像。1997 年联合国教科文组织授予萨尔茨堡“世界文化遗产”的石碑，就镶嵌在雕像前的地面上，以示莫扎特对这座城市的精神价值。

据说，萨尔茨堡市的每一个人至少都会演奏一种乐器。我不知道这是不是夸张的说法，但萨尔茨堡人以莫扎特为骄傲，这是真的。他们谈到莫扎特时，常常会说：“莫扎特是上帝赐予我们的无与伦比的礼物！”

时间在这里停止

——克鲁姆洛夫小镇印象

有中国游客将克鲁姆洛夫小镇誉为“捷克的丽江”。两者的确有一些相似之处，比如密密的老房、弯弯的流水、窄窄的小巷、亮亮的石板街……都让人初见惊叹，进而流连忘返。

↑被伏尔塔瓦河环抱着的克鲁姆洛夫小镇

不过毕竟一个是中国老城，一个是捷克古镇，虽然同为“世界文化遗产”，可是二者各自呈现的历史传统、文化气息和建筑风格完全不一样。丽江是纳西族文化的标本，而克鲁姆洛夫则是波西米亚中世纪文化遗产的典范。

从公元13世纪到18世纪，虽然克鲁姆洛夫先后换了不同的统治者，但整个城镇都围绕着那座13世纪建造的城堡展开，并被植入不同的元素——既有哥特式特点，又有文艺复兴式气息，还有巴洛克式风格，于是克鲁姆洛夫小镇自然形成了一个巧妙融合不同时代建筑风格却又自然和谐的大型建筑群。非常关键而又特别幸运的是，当世界工业化革命风起云涌之时，这里依然守着自己的田园牧歌。当连天的战火几乎摧毁整个欧洲时，这里却如世外桃源一般躲过了战争的硝烟——这使得克鲁姆洛夫成为欧洲中部至今保存完好的中世纪古城。这不能不说是一个文化奇迹。

住进民宿时，已是傍晚，天色阴沉，还飘着雪。第二天早晨我打开窗户，天上的彩霞正对着我笑。赶紧出门，来到民宿后面的一条小河边。太阳还没有出来，满目雪景呈现出淡淡的蓝色。河面上荡漾着尖顶房、城墙，还有披着雪的一棵棵树……顺着河畔往上看，房屋、岩石、树丛、城墙以及隐隐约约的教堂塔尖，都在晨晖中静静地屹立着，等待着太阳。

我朝城堡所在的山上走去，穿过几条小街——其实都是窄窄的小巷，看到石板上、栏杆上、房顶上、树枝上……到处都是晶莹的积雪。走着走着，来到一座木桥。眼前渐渐明亮起来，朝山上望去，湛蓝的天空下，古堡巍然屹立于伏尔塔瓦河边，高高的城墙上积雪闪烁着阳光，雄伟得令人震撼。城堡中圣维特教堂那高耸的塔楼，在苍劲的枯枝掩映下，雄踞天宇，傲视苍穹，极为壮观。

据说，“克鲁姆洛夫”在拉丁文和古德文里，是“弯曲的河边草地”之意。站在古堡最高处，俯瞰全城，一下就明白了“弯曲的河边草地”是怎样的景象。

朝东看去，弯弯的伏尔塔瓦河将克鲁姆洛夫一分为二，一边是我此刻所在的矗立山坡的城堡，一边是呈马蹄形的河湾环抱的老城。远远近近成片成片的老房子如积木一般，三角形的房顶上铺着厚厚的积雪，间或有黄色的墙面，让纯白的色调有些变化，增添了一些活泼的生机。房顶参差不一，高高低低，在逆光中格外明丽。河面波光粼粼，为宁静的老城，平添了几分灵动。

转过身子背着阳光往西看，目之所及如同放大的盆景。挂着雪花的枯枝，在蓝天的映衬下，格外亮眼。雪地上，一条小河蜿蜒而过。早行者疏疏落落、深深浅浅的脚印，把我的视线引向远方——隐隐的房屋、密密的森林以及默默的山脉……

↓克鲁姆洛夫小镇

↑克鲁姆洛夫小镇的青砖小巷

这不就是童话世界吗？

离开古城堡，我走进克鲁姆洛夫小镇，漫步在一条条小街小巷里，恍惚觉得自己正置身于中世纪的欧洲。站在斯沃诺斯基广场，看着那依然保留着几百年前的模样的三层楼房的市政厅，还有那些有着哥特和巴洛克式风格的古朴老建筑，以及一些建筑的外墙上的独具波西米亚风格的彩绘……

这一切都让我感到，时间在这里停止了。

每一条街的道路都是由一块一块的长方形青砖铺成的。每一块青砖都被时间磨得发亮，泛着历史的光晕。我缓缓走在青砖小巷里，感觉每一步都踩着遥远世纪人们的脚印。是呀，千百年来，数不清的贵族、百姓、将军、士兵、商人、乞丐……带着鲜活的灵魂从这里走过，留下他们的故事，然后又走进永恒的历史。

我蹲下去仔细观察每一块砖，感觉这不是砖块，而是一本本厚厚的史书，里面写满了维特克家族、罗热姆韦尔克家族和施瓦岑贝格家族创业的传奇。我尽可能俯下身子，让耳朵靠近地面，好像听到了久远年代波西米亚人的歌声……

这座城市属于“天鹅”
——布拉格印象

我的布拉格之旅，是从老城广场（即布拉格广场）上著名的提恩教堂开始的。

刚走进广场，便看到两座高高的塔楼，塔尖直刺苍穹。这是提恩教堂的标志。两座塔楼据说代表亚当及夏娃并肩而立。但此刻在我眼中，这两座高

↑蓝天下的提恩教堂

塔宛如两位巨人，默默屹立于此，注视着布拉格历史风云的变幻。

真正的历史巨人，是广场中央的那座雕像所代表的人物。他就是曾被马克思和恩格斯都赞扬过的捷克民族权利和人民权利的保护者、中世纪著名的宗教改革家扬·胡斯。胡斯曾任布拉格查理大学的校长。作为宗教改革运动的先驱，他对马丁·路德也产生了重要影响。

胡斯认为教会占有大量土地是一切罪恶的根源，主张没收教会财产。他大胆提出了许多改革宗教的措施和反对异族统治的主张。这一观点首先反映了市民和捷克下层贵族的利益，同时也获得了广大人民群众的认可。胡斯却因此观点被当时的罗马天主教视为异教徒，被施加种种迫害，并被要求收回自己的主张。这些要求均被胡斯断然拒绝。

1411 年，胡斯被革除教籍，但他依然没有丝毫的屈服。他庄严地宣称，自己固然不免一死，但是真理“将从墓穴里站起来，发展壮大，得到永恒的胜利”。1415 年 7 月 6 日，胡斯被处以火刑。在熊熊烈火中，他为真理献出了生命，时年仅 46 岁。

几百年来，胡斯一直被视为国家英雄。1915 年 7 月 6 日，在胡斯遇难 500 周年纪念日那天，人们为他建造的这座雕像落成揭幕。如今，胡斯逝世殉道的日子被官方定为“胡斯日”，是捷克的公共假期。每年夏天，在“胡斯日”，人们纷纷来到这里，向这位为真理而斗争的战士致敬。1999 年，罗马天主教会为胡斯之死公开道歉。历史终于为真理讨回了一个公道。

早晨 8 点多，正在升起的太阳还被四周的高楼遮挡，巨大的阴影投在广场上，投在庄严肃穆的胡斯雕像上。这是一组群雕——其中巍然屹立的胡斯雕像，如炬目光射向远方。他的身边及背后是一群追随者，有的在挣扎，有的在抗争。雕塑台基被积雪覆盖，胡斯的头上和肩上也披着洁白的雪，这为原本庄严肃穆的雕像群平添了悲壮感。

不远处的广场一侧聚集着许多游人，大家正仰头望着布拉格天文钟。这是一座精美别致的自鸣钟，建于 1410 年。令人称奇的是 600 多年来，这座钟仍然走时精准。不一会儿，清脆的铃声响起，然后钟楼上的小窗打开了，耶稣十二门徒的木偶塑像依次在窗前现身，缓缓走过。当最后一声响起，我一看表，刚好 9 点整。

↓布拉格天文钟

这座中世纪的天文钟，安装在老城广场的旧市政厅的南面墙上。而这座旧市政厅也是老古董，它建于1338年，是一座哥特式建筑，曾是皇家宫廷，15世纪末，皇室成员搬入布拉格城堡居住，这里便荒废了几百年，直到1911年被改为文化中心。在旧市政厅大门正上方，是名为《向布拉格致敬》的马赛克壁画，描绘着布拉格的历史。

天文钟上面是高高的钟塔，我由旧市政厅借道登上钟塔，鸟瞰整个布拉格市，眼前豁然开阔。远近高低的房顶如波浪般起伏，我宛如置身于建筑的海洋。不同历史时期、不同风格的建筑——从罗马式、哥特式、文艺复兴式、巴洛克式、洛可可式、新古典主义式、新艺术运动风格到立体派和超现代主义——在这里相依相存，彼此映衬。这些建筑大多红瓦黄墙，房顶几乎都是红色的，此刻又被积雪装饰着，红白相间，别有情趣。俯视脚下的老城广场中央，一圈积雪环绕着胡斯塑像，格外醒目庄严；提恩教堂的双塔果真像熊熊烈焰，在晨晖中燃烧。

穿过大街小巷，我来到查理大桥。此桥始建于1357年，1400年竣工，遵照捷克国王查理四世之命而建，因此得名“查理大桥”。据说布拉格的伏尔塔瓦河上共有18座大桥，将两岸的哥特式、巴洛克式和文艺复兴式的建筑连成一体。而其中的查理大桥是布拉格人在伏尔塔瓦河上修建的第一座桥梁，有“没到过查理大桥就没来过布拉格”之说。

桥头有一座雄伟庄严的深黑色塔式门楼，这是大桥的入口。穿过塔式门楼，一件巨大的艺术珍品呈现眼前——我第一感觉这不是一座大桥，而是一件艺术珍品。两边桥栏相隔几米便竖立着一尊圣者雕像，共30尊。这些塑像，都是捷克17—18世纪巴洛克艺术大师的杰作——当然不是原作，原作已经被保存在博物馆里，眼前这些雕像都是仿真复制品，但我依然能够感到栩栩如生的神韵。

↓查理大桥上的圣者雕像

因此查理大桥又被欧洲人称为“欧洲的露天巴洛克塑像美术馆”。

每一座雕像都展示着一位圣者，但此刻圣人们都来到人间站在桥上，沐浴着阳光接受凡人的敬仰。有的塑像身上还披着没有融化的积雪，微微泛着白光。蓝天下，一群群的鸽子在大桥上空呼啸翻飞，或者从高空瀑布般地倾泻而下，一只两只鸽子悠悠地在塑像上盘旋，然后调皮地立于头顶。站在桥上远望，阳光下的伏尔塔瓦河氤氲着水雾，在阳光下呈现出一种朦胧的美。

走过大桥，往上走一段缓坡，便来到著名的布拉格城堡。这里曾经是捷克的要塞，后来是布拉格王室的所在地。现今仍是捷克总统的居所，总统在这里举行欢迎外国元首来访的典礼，也在这里接受各国大使递交国书。历经千年的多次扩建，布拉格城堡留下了不同时代的建筑风格，也留下许多雄伟建筑和历史文物。

城堡里有著名的圣维特大教堂和圣乔治教堂。其中，圣维特大教堂是布拉格城堡最重要的地标。从大门上装饰华丽的拱柱和飞扶壁可以看出，圣维特大教堂属于典型的哥特式建筑。不过，这座教堂之所以有名，还不仅仅因

↓有“建筑瑰宝”美誉的圣维特大教堂

为它有丰富的建筑特色，还因为这是布拉格城堡王室加冕与辞世后长眠之所。

但作为一名游客，我走进教堂感受最深的就是墙上那些巨大的色彩鲜丽的彩色玻璃，这是布拉格著名画家穆哈的作品。外面的阳光透过玻璃，将玻璃的色彩投射在旁边的墙上，墙上便又有了一幅彩色的抽象画，为这个千年历史的教堂增添了不少现代感。

这里还坐落着旧皇宫，是古代波西米亚国王的住所，历任在位者对不同部分进行了修缮。皇宫大门两旁分别有岗亭，两个头戴棉军帽身着军大衣的卫兵持枪肃立。大门口围着许多游客，他们对着旧皇宫和卫兵拍照。一些游客还走上前，站在岗亭边和卫兵合影，卫兵依然表情严肃，如雕塑一般巍然屹立。

突然，人群一阵骚动，原来是一队士兵威武雄壮地走来，卫兵换岗仪式开始了。我们纷纷后退，给英姿勃勃的士兵留出一条通道。帅气潇洒的士兵，扛着被擦得锃亮的钢枪，迈着整齐的步伐从我们身旁走过，让所有的游人都满怀敬意，并不由自主屏住呼吸，目不转睛地看着他们走进大门。两队士兵开始换岗，门口岗亭的士兵也换岗。在这个过程中，卫兵们的举手投足都是标准的欧洲军人姿势，庄严整齐，有一种古典的神圣感。

城堡内还有一条很不起眼却非常有名的小巷子，叫黄金巷。说它“很不起眼”，是因为它既小且窄，巷子里的建筑都是小小的，像童话王国里精灵的居所；说它“非常有名”，是因为它是一条出售手工艺品的商业街，游人都爱到这里来转转，有人说这条小街的热闹程度与查理大桥不相上下。它之所以用“黄金”命名，是因为16世纪罗马帝国时期，这里居住了很多冶金师，后来这条石砖巷便被称为黄金巷。

↓黄金巷22号——卡夫卡故居

我对小商品之类兴趣不大，但黄金巷22号的房子却吸引了我，因为它是100多年

前卡夫卡的居所。虽然如今它已经成为一家小书店，也没有卡夫卡的遗物，但“卡夫卡”这个名字就足以成为我进去转转，并在门口拍照纪念的理由。

离开古堡继续往下走，便来到了伏尔塔瓦河边。迎接我们的是成群在河面缓缓游荡的天鹅。我从没见过这么多这么美的天鹅：洁白的羽毛、丰腴的身子、细长的脖子、悠闲的神态……它们简直就是优雅高贵的代名词。它们高贵的身躯浮动在蓝色的河面上，随着荡漾的水波轻摇。时不时有一两只天鹅从天而降，在水波上起舞，溅起晶莹的水花。

↑天鹅漂浮于伏尔塔瓦河的蓝波上

与水面缓缓晃悠的天鹅相照应的，是河边树梢上一只只鸽子，它们静静地在枯枝上蹲着，时不时用嘴梳理着羽翅，然后默默地看着水里柔美文静的天鹅。突然一只鸽子腾空而起，几只鸽子也跟着跳了起来，很快地所有鸽子都欢呼着跃上晴空。一时间，河面是文静的天鹅，天空是活泼的鸽子，远处是夕阳中庄严而沉默的查理大桥，还有对岸沐浴着阳光的红顶黄墙的房屋、教堂圆顶和塔尖……

从古城堡到查理大桥，我经过一条街，看到一堵被涂鸦得五彩缤纷的墙。这是布拉格著名的“列侬和平墙”。

1980 年 12 月，列侬被杀身亡后，一名捷克艺术家在这堵墙上绘制了列侬的画像，并配上披头士的歌词。很快，这里成了捷克列侬崇拜者的朝圣之地。不光是墙角的鲜花和蜡烛，还有墙上的各种涂鸦，都是年轻人自由精神的燃烧。列侬墙从此声名鹊起。尽管当局一次次阻止，一次次将墙粉刷干净，但一拨又一拨市民继续在墙上涂鸦，以表达他们的反抗和对自由权利的不懈追求。直到 1989 年，捷克终于脱离苏联，走上自己选择的社会发展道路，这面墙的名字也改名为“列侬和平墙”，继续被无数人涂鸦，发挥

↑列侬和平墙（局部）

着支持全球和平与民权斗争的作用。它因此也成了布拉格吸引游客的一道风景。

现在，许多年轻人聚集在这堵墙前拍照。不，说“年轻人”并不准确，因为其实聚集于此的也有不少我这个年纪的人。20世纪80年代，包括我在内的许多中国青年的青春，都有过列侬摇滚乐的音符。沙叶新还创作过一部荒诞剧，剧名叫《耶稣·孔子·披头士列侬》，我还给学生读过这个剧本。

没想到年轻时关注的一个名字，今天在布拉格的一堵墙上看到了它所对应的人的画像。

布拉格直达成都的飞机起飞了。俯瞰窗外的城市和原野，我不由得感慨：这是一个小国，但在并不辽阔的土地上，却诞生了宗教改革家胡斯，诞生了教育家夸美纽斯，诞生了音乐家斯美塔那，诞生了心理学家弗洛伊德，诞生了作家哈谢克、卡夫卡、伏尼契、昆德拉……

这样的国家，这样的人民，没有理由放弃对自由的追求和对美好生活的向往。

美国纪行 ·······

KINGS COLLEGE
PERPETUATED AS COLUMBIA
WHEN THEY BECAME FREE AND INDEPENDENT
FOR THE ADVANCEMENT OF THE
THE LIBRARY OF

从安纳波利斯中学到罗斯福高中

安纳波利斯中学初感

今天上午，我们再次来到美丽的安纳波利斯，这次我们专程来参观安纳波利斯中学。

我们来到一个比大厅小又比一般的会议室大的房间。一群孩子正在那里练习演奏乐曲，我们知道是为了欢迎我们。他们的认真劲感染了我们。我和其他老师纷纷拿出相机拍照。

坐好以后，两个女孩大大方方走上前来。一个披着头巾，好像是来自穆斯林家庭；一个从五官看显然是亚裔孩子。她们用中文说："大家好！我们是八年级的学生。我们很荣幸见到大家，如果大家有什么需要我们帮助的，请告诉我们，我们一定为大家效劳！"这段话主要是亚裔女孩说的，说的时候结结巴巴，不时看看手心——估计她是把这段话的中文写在手心里了，她那大方而又略显紧张的样子，更显得真实可爱。

↓演奏乐曲的孩子们

我们用热烈的掌声表达感谢。

然后一位女教师用英文简单说了几句，大致的意思是向我们表示欢迎，并说安纳波利斯中学是一所国际文凭中学。

一群孩子来到台上为我们表演舞蹈，舞蹈热情活泼，让我们感受到了他们的青春。

孩子们跳完舞后，我们团的三位老师一起上台清唱了一首最具代表性的中国民歌《茉莉花》，她们三位在台上唱，我们也情不自禁跟着轻轻地哼。

一位英俊的小伙子向我们挥手，他是校长。他说："刚才的表演真是太棒了。我代表本郡所有公立学校欢迎大家。"然后他给我们介绍旁边那位漂亮的女士："她是国际文凭项目协调员。"校长又给我们介绍了在场的各位志愿者。

国际文凭项目协调员给我们介绍国际文凭项目——

作为国际文凭学校，我们给所有的学生提供机会，希望他们能够和其他学生合作，和别人分享观点和想法。交流、沟通这些技能是我们希望学生掌握的。我们希望孩子们着眼全球，立足本地。很高兴大家到来，看看我们学生身上这些品质。

这种国际文凭学校，遍布全球144个国家和地区，在本郡有11所学校，其中3所高中、3所初中、5所小学。我们学校的课程安排，是根据本郡要求设置的，但教学方法是根据国际文凭项目中学的要求制订的。通过这些教学方法，我们旨在严格要求学生，为他们创造适宜的学习环境，遵循国际文凭项目的框架。大家看这幅图中间有3个小人，分别代表小学生、初中生、高中生。这些学生是我们教与学的中心，所以他们处在这幅图的中间。在他们的外围，是我们的教育方法、学习方法，这都是在本郡的要求下制订的。这个图里还可以看到一些中学学生需要修的课程。今天我们进行课堂观摩时，大家可以看到学生积极参与，积极讨论，积极探究，看到以学生为中心的教学方法。我们培养他们在21世纪需要具备的技能。我还希望大家看到学生用他们的批判性思维学以致用。在中学，我们强调学生在课堂上的合作，鼓励他们开放包容，即使观点不同，也能彼此尊重。我们还鼓励学生有反思精神。

协调员讲完之后，校长向我们介绍学校的情况——

我校收本镇和本郡的学生，学校有六年级、七年级、八年级。六年级学生 255 人，七年级学生 215 人，八年级学生 203 人。我们的教职员有 70 多人，其中包括 8 名支持人员、9 名服务人员和 3 名管理人员。我们学校的学生构成多元化，有非裔，有西班牙裔、亚裔和太平洋岛裔。

学生每天上六节课，数学、个人与社会、科学、语言与文学，这四门课每天都要上。一名老师每天要上四节课，另外两节课备课。除了必修课，还有选修课：艺术、音乐、拓展课等。这些课每三天上一次。我们对体育课也很重视，隔天一次。数学、科学、语言与文学这三门学科每年都要考核。

观摩课

校长介绍完，我们团分为四组，每组由一位学生带着前往各个教室观摩上课。

我们先来到一间教室。四个学生围成一桌，大家神情放松，老师讲解的时候他们都看着老师，讨论时都积极发言。

翻译告诉我们，这是一堂写作课，主要是写读书笔记，然后分享交流，彼此提意见，再改进写作。具体来说，就是看了一本书之后，将自己和书中的人物进行对比，将自己和书中某一人物的相似点和不同点都一一写出来，并且要用结构图的方式列出提纲。

下课了，学生们快速离开课堂。老师告诉我们，他们要换教室了，到下堂课的教室去。原来学生并没有固定的教室，教师才有固定的教室。也就是说，不同学科的教师一直就在固定教室上课，学生要上什么课就到相应的学科教室去。

老师还告诉我们，他们的课堂都特别强调学生之间的合作。这体现在学生的座位安排上。我们没有看到一间教室的学生座位是像中国大多数学校的教室里那样，学生都坐得整整齐齐。我们问老师这样的安排是怎么考虑的。老师说，并不是刻意这样安排的，也没有任何人规定必须这样做，学校也允许老师有其他的座位安排，但老师们都觉得这样坐最适合学生交流合作，所以自然就这样了。

每间教室都有智能板，有点类似于国内教室里的白板。美国老师问我们中国的学校是不是也有这样的智能板，我们都自豪地说："很多学校都有的。"算是再次"为国争光"。

老师反复向我们强调，他们特别注重培养学生的合作能力与创造能力，课堂设计都以这些为重点，把学生的能力兴趣作为要点考虑。他们的课堂程序一般是，先让学生热身 5 分钟，让学生自学，自己读书、思考，然后老师讲 10 分钟左右，接下来学生参与讨论，老师也一起讨论，课堂结束前又是学生自己总结，包括自我评价和考核。

我们朝另一间教室走去。走廊的墙上贴着一些人物的肖像，我指着一位很有学者气质的老太太，问学生她是谁，学生回答是一位诗人。哦，我明白了，就像中国的学校一样，他们这里也贴着各种名人画像，用以激励学生。路过一间教室，标明是中文教室。一问，原来他们这学校还教三门外语：中语、法语和西班牙语。

我们又来到一间正在上"个人与社会"课的教室。这门课其实综合了历史地理等社会学科的内容。每个孩子们手上都有一台平板电脑，他们不时用电脑对着桌子中间的二维码扫描，然后就看着电脑阅读。老师告诉我们，

↓用报纸布置的教室

他已经把有关的教学内容，包括习题，都通过二维码输入到学生手中的电脑里。这样教学便很方便了。我们问，这电脑是学生自己买吗？老师说，这些平板电脑都由学校提供。我看到教室墙上都贴着旧报纸，上面有一些新闻图片，我认出了许多图片中的人物：戴安娜、克林顿、老布什、小布什……这些报纸介绍了一系列重大的历史事件。老师有意用这些充满历史感的报纸布置教室，以营造一种历史氛围。

我们又来到一间教室，这里正在上数学课。学生同样拿着笔记本电脑在做题。仔细看，也不完全是做题，而是在阅读有关数学的知识。女教师来回巡视，时不时坐在某个学生旁边指导。教室有些喧闹，有孩子和其他人说话，老师也不管。我估计学生是在讨论吧。翻译告诉我们，孩子们在笔记本电脑上做计算题，也是通过一些带有游戏性质的软件，特别有趣。

我们还匆匆参观了他们的体育课和舞蹈课。总的感觉是学生很放松，相当自由，“很没规矩”。

有关教育理念与方法的问答

我们又回到最初的那间房子，校长和那位协调员请我们提问。

魏正江问：“每年数学、科学、语言与文学三门学科的考核，会影响学校排名吗？你们的招生方式是怎样的？初中如何构建自己的文化，以应对美国的多元文化？每间教室的文化布置是怎么要求的？”

答：“每年考核结果，会非正式地影响学校排名，但现在学校之间不会根据成绩排名。改革之后，年度成绩可能会和学校排名挂钩。考试之前，就会设立课程考核要达到的标准，比如本校今年的标准是 83% 的学生语言与文学要达标。这个标准应该说是能够达到的。

“关于招生的问题。第一，凡是住在本镇的学生，直接进入我们学校就读；第二，作为国际文凭项目学校，有 70 个名额是镇以外的学生申请，通过面试后，录取入学。

“教室的文化装饰。第一，美国和马里兰州要求在教室里有特定装饰，比如国旗，每间教室都要求悬挂；第二，校长的要求，比如校长的照片，也要求每间教室挂；第三，教师根据自己的需要和喜好装饰教室。关于学校文化的构建，我们学校本身是国际文凭项目学校，学生群体多元化，就促进了我们学校文化的多元化。"

张军问："实验材料由谁准备？是否直接做实验的机会比较少？"

答："实验材料的准备分科学部和语言部，每一个部有指导教师和教导主任，他们一起准备材料。我们还是要做许多实验的。"

黄体凤问："我看到美术课上，不但要求学生画，还要求用文字记录，体育课也要求学生用文字记录，是不是美术课、体育课一定要用文字来记录？如何测试美术成绩？"

答："这个问题非常好，我们初中非常注重学生的读写能力，这种能力的元素都必须融合在课堂上，无论什么课都要融进去。当然，读写能力也不能替代这门课本身的任务。比如美术课还是要画画。我们会根据国际文凭项目的要求指导课程，比如芭蕾课，既要表演，还要有同学之间的评估。美术也有不同的方式，要记录，要写，还要实实在在地画画。所以评估美术成绩，不但看他记录的语法有无错误，还要看画画怎样。"

杨尚薇问："这个学校的学生是六年级到八年级，除了英语，还有西语、法语、中文课程，毕业时学生拿什么文凭呢？这个文凭对他升学有什么帮助？"

答："这个学校对学生意味着可以接受更好的、更高质量的教育，但不

↓参观的老师们在会议厅合影留念

会在学生初中毕业时就颁发国际文凭。”

王琳问：“这个项目所采取的教学方法是什么？和其他教学方法有什么不同？”

答：“教学方法注重培养学生技能。我们不仅要求学生关注事实，完成教学内容，还注重学生自我管理能力、思维能力、研究能力和交际能力的培养。这些能力对他将来都有用。学校的教学都是框架化的，要加入全球化的内容，学生不但要具有全球视野，还要有全面的能力。”

尹莉问：“你们对学生进行批判性思维培养，有哪些途径呢？”

答：“第一，培养课堂上提问的习惯，老师鼓励学生提问，发掘他们的批判性思维，上网的时候辨别资源的真实性；第二，在美国给学生提供的教育，主要是培养其具有某种技能，这种技能什么职业都可以通用。”

不知不觉就已经过了十二点。尽管还有许多问题要问，但我们不得不告别了安纳波利斯中学。

罗斯福高级中学的社团文化

下午，我们来到罗斯福高级中学。

迎接我们的是一位和蔼可亲的女士，她是负责教学的协调员。我的理解就是教务处的干事。她说校长马上有事要走，特别赶来见见我们。说着一位儒雅的非洲裔美国人来到我们面前，他便是校长。他对我们说了几句“欢迎大家”之类的话，然后就匆匆离去了。

我们来到一间会议室，副校长向我们介绍学校情况——

> 我们学校有六位副校长，分管不同的年级。九年级的学生比较多，所以将学生分成两拨。这样，九年级便由两位副校长管理，十年级由一位副校长管理，十一年级和十二年级分别由一位副校长管理。（我一算，那还多出一位副校长呀！但来不及问，他继续介绍。）每个副校长不仅分管年级，也管全校的学生。

该副校长最后说：“大家有什么问题，可以提出来。”

这么快就结束介绍了，我有些意外，便问：能不能再具体说说学校的基本情况？

副校长回答："我们学校是1976年成立的。这是一所以科技教育为主的学校，三分之一的学生必须考试合格才能入学，其余是附近居住的学生，不需要考试即可入学。我们学校有一些特殊项目，比如信息工程、金融项目。我校教职员工205人，包括校长副校长、支持人员、特殊教育人员和食堂员工，学生总数2442人。送给大家的礼包里有一张表格，介绍了学校的基本情况。"

负责教学的协调员拿着表格向我们介绍——

我们学校的毕业要求是，高中四年学生必须修21学分，包括英语4学分、数学3学分、社会3学分、艺术1学分、科学3学分、技术1学分、健康与卫生0.5学分、体育0.5学分……还要学两年外语，或学两年高级技术。我们学校去年的毕业生考入四年制大学的学生占71.3%，进入社区学院的占17.5%。我校的高考平均分是538分。今年全美奖学金获得者，我校有3个人进入半决赛，最后拿到奖学金。这是非常不容易的。另外，我校开设了19门大学先修课程，如果修了是可以拿到大学学分的。

尹莉问："副校长具体管什么呢？"

副校长答："拿我举例，我负责九年级350名学生。具体工作包括：第一，直接观摩课堂，并及时对教师的课做出评估；第二，主管学生方方面面的事务，包括出勤率、考试分数、安全等；第三，如果学生父母有什么问题，我还要和学生父母沟通。此外，学校大楼有一部分区域是我负责管理。我还要负责所有的课后活动，包括体育赛事，都必须到场监督指导。"

王华龙问："副校长下面有没有支持你工作的部门？"

副校长答："没有支持部门和人员，我负责支持其他老师。副校长不上课。"

段红问："副校长是否了解350名学生中的每一名学生？"

答："副校长相当于班主任，需要跟班。但现在我对学生不了解，因为学生刚进校不久。"

黄长平问："新生入学教育做什么？"

答："新生入学前一周，我就会和他们开会，包括和家长开会；第一周，我会再次和学生及其家长开会，讲讲入学要求；第一个月，由学校的顾问进行新生教育，其他时候就根据学生需求而定。”

协调员提醒我们：“大家看到日程背面，这是我校的学生社团和组织，有120个。”

应我们要求，她给我们介绍了几个有特色的社团组织——

第一个是“入侵者之家”，很难用言语表达这个社团是做什么的，一会儿大家要参观的。这个社团拿过全美的奖项。第二个是荣誉电影协会，学生自己拍纪录片，也拿过奖的，曾经拍过关于学生抑郁问题的片子。第三个机器人社团，也拿过奖。

这些社团都是由学生发起的，但要找一个导师才能成立。学生自己组织活动，有利于训练他们的领导力。所以我们很欢迎他们成立社团。社团活动的时间都是课后，每周一到两次，时间从三点半到五点。

社团的指导老师中，95%的老师都是自愿免费提供服务，5%的老师是收费的——一般是有关体育赛事的社团和课后辅导班。指导老师会负责这个年级一直到毕业，包括毕业典礼，还要组织和毕业相关的活动。社团有主席、副主席和财务，主席一般都是高四的学生，所以高四学生（也就是中国的高三毕业班学生）也要参加。

虽然大部分老师没有报酬，但他们都非常愿意提供服务。学校老师大多参加了一个以上的社团，他们相信这些活动能够促进学生的全面发展。

协调员在回答老师们提的“学生父母是否参与到社团中来”的问题时说——

学生父母会参与社团活动。拿机器人社团来说，有学生的父母是在美国航空航天局工作，他们就把他们的知识带到社团来。所以，老师在台前，父母在幕后，一起指导学生。有时社团在学校以外的地方举行活动，父母也要来接送孩子。父母对社团还会进行捐助。每个学生的父母每年都有四次到学校做志愿者、参与各种活动、从事各种服务工作的机会。

说着说着，进来了两位高大英俊的小伙子，协调员介绍：“这两位是篮球教练，一位是总教练，一位是教练。他们最近带领高中篮球队拿到了马里兰州冠军。”

总教练说：“我今年夏天才去过深圳呢，是带夏令营去的。想进入我们篮球队的人很多。11 月 15 日，篮球队将有一个面试，也就是选拔赛。报名人数近 70 人，都想参加这个赛，但最后只选 30 个，所以竞争非常激烈。我们给学生传递的篮球精神是，积极向上，服从指挥，培养学生应对困难和逆境的精神。

有老师问：“这些篮球队员是否能够在高考中加分？”

总教练说：“高考一视同仁，不会因为体育特长而降分录取。”

协调员说：“在我校，无论篮球还是什么其他球队，都是学生组织，这些球队是学生组织的一部分。这些组织对学生也很重要，有助于培养他们课堂之外的能力。有的学生虽然不打球，但喜欢支持同学打球，通过这种方式，可以增强促进学校的士气和凝聚力。”

我问：“高中招生时，会不会有意识地选拔篮球尖子？”

总教练回答：“不会。我倒是想啊！郡规定三分之二的人必须读这学校，而另外三分之一必须参加考试。所以我们无法选拔篮球尖子。”

自信的罗斯福高级中学

我们被带到一个演出厅观看学生社团活动。活动开始之前，校长又来了。他说：“我希望大家今天有所收获。我 1997 年来这里当副校长，2007 年当校长。你们看到的这个礼堂能够容纳 850 名学生。礼堂里有学生表演、音乐剧、戏剧、合唱等。我想还是让大家提问，这样我就可以讲你们最关心的内容。”

尹莉问：“学校的名字叫‘罗斯福高中’，和罗斯福有关系吗？”

答：“我们学校全称是‘艾琳娜·罗斯福高级中学’。艾琳娜·罗斯福是罗斯福总统的妻子。她当时非常关心我们这个绿带城，所以当绿带城建立第一所高中时，就以她的名字命名。我们学校也是绿带城唯一的高中。”

余强问：“影响这个学校最重要的因素是什么？”

答：“这个学校当时成立的定位是科技学校，所以我们学校非常重视科学和技术教育。影响学校的因素，最关键的是教师。我有权聘用教师。99%的教师人选我都有权决定，极少数情况会空降一个教师。另外马里兰大学会送学生来实习，实习学生如果做得好，就留下了。”

魏正江问：“你有没有压力？美国高考科目和中国不一样，你对此有什么看法？”

答：“压力主要来自州对学校的标准，学生考试是要达标的，这对我有压力。除此之外，还有毕业率的压力，需要确保学生顺利升学，也就是升入高一年级。还有确保教师通过评估、孩子安全。这些都是我的压力。”

校长还没回答完，管弦乐已经响起，原来是孩子们已经开始演奏。他们给我们演奏了好几首曲子。孩子们看上去稚气未脱，但演奏的时候，颇有专业范儿。

协调员告诉我们，表演并不是学校特意为欢迎我们安排的，而是今天下午刚好有社团活动，他们每次都要到这里来排练的。

管弦乐演奏结束后，是一位黑人女孩在台上演唱，另一位黑人女孩为她钢琴伴奏。演唱者神情凝重，已经完全沉浸在所唱歌曲表达的情感之中。她音色圆润浑厚，俨然是一位专业的歌剧演员，让我们很难相信这是一位普通的高中生。

离开了演出厅，我们在学校每个角落都看到了学生社团朝气蓬勃的活动。在体育馆，我们看到排球队女孩凌厉的扣球；在过道上，我们看到舞蹈队的女孩优美的形体和婀娜的姿态。我们还看到一个男女混编的团队，好像是在跳现代舞，又好像是在走时装步。让我们感到惊异的是，有些孩子身形无论如何都谈不上优美，但他们依然大大方方地和其他同学跳着，大大方方地走着时装步，也没有一个人笑他们。这情景，

↓充满自信和活力的学生参加社团活动

↑我与罗斯福高级中学校长

说实话，真让我感动。

在餐厅，饭桌被挪开，一群男孩子在跳舞。他们的动作干净利落、刚劲有力，而且特别整齐，极富爆发力。我们都被震撼了。翻译告诉我们，这个舞蹈属于非洲风格，或者说是沿袭了非洲舞蹈的风格。

校长把我们送到学校大门，我们和他合影留念。带着太多的感慨和思考，我离开了罗斯福高级中学。

行知百年教育梦
——走进哥伦比亚大学

两种魅力

世界第一大城市纽约有许多城市标志。在不同的人眼里，纽约的魅力也是不一样的。比如，自由主义者向往的是自由女神像，政治家关注的是联合国总部，金融家喜欢的是华尔街，摄影家醉心于帝国大厦，普通游客更喜欢中央公园，而年轻人可能更钟情于时报广场、百老汇……

而对我来说，纽约的魅力就是哥伦比亚大学的魅力，而哥伦比亚大学的魅力就是陶行知的魅力。

↑年轻时的陶行知

其实这个“魅力”也不是一开始就有的。我第一次去纽约就没太在意这所著名的大学。当时只知道哥伦比亚大学有过杜威，还知道杜威有两个中国学生——胡适和陶行知。作为教育人，我更关注陶行知。

后来证明我对哥伦比亚大学的认识是相当肤浅的。但仅仅因为胡适和陶行知，就足以让我对哥伦比亚大学刮目相看了。这也是我接受该校教育学院演讲邀请前往纽约的重要原因——我实在想去看看哥伦比亚大学，看看当年胡适和陶行知读书的地方。

哥伦比亚大学拥有世界一流的教育学院、法学院、商学院、医学院、新闻学院、工程学院等。其中哥伦比亚大学教育学院（Teachers' College 也译作“教师学院”），是世界顶尖的教育研究生院。著名教育家、哲学家杜威曾在此执教，完成了他最著名的教育哲学著作《民主主义与教育》，并创立了实用主义教育哲学体系。

毫不夸张地说，中国近代教育应该感谢哥伦比亚大学教育学院，因为该学院为中国近现代教育事业培养了一大批教育家，进而推动了近代中国教育的发展，至今还在影响着中国教育。

↓著名教育家、哲学家杜威

仅20世纪上半叶，便有1000余名中国留学生曾在哥伦比亚大学教育学院学习。中国第一位教育学博士郭秉文就毕业于哥大教育学院，他后来创办了东南大学并任校长。

从郭秉文获教育学博士的1914年，到1950年的36年间，哥伦比亚大学先后培养了45名中国教育博士，其中包括国学大师胡适，人民教育家陶行知，中国幼教之父陈鹤琴，北大原校长蒋梦麟、马寅初（加上胡适，哥伦比亚大学为北京大学培养了三位校长），南开大学创始人张伯苓等许多中国近代杰出教育家。可以说，哥伦比亚大学与中国教育有着悠久的历史渊源，对中国近代教育产生了深远的影响。

漫游哥大校园

涂着黑色油漆的哥伦比亚大学校门，实在太普通了，而且不大，样子甚至比不上中国许多居民小区的大门，更比不上我们许多重点大学、重点中学豪华气派的大门。但是校门两侧分别立着两尊雕塑，一下让校门显出了典雅高贵的气质。这两尊希腊雕塑，代表着哥伦比亚大学所坚守的科学与艺术相结合的育人理念。

走进校园中央，南北两边的图书馆是哥大校园最著名也最显赫的标志性建筑。北面一座为罗氏图书馆（Low Memorial Library），其建筑为巴洛克风格，独特的花岗岩圆顶穹顶和典雅的罗马圆柱，使它享有“美国最美的学院图书馆”（之一）的美誉。当然，这座建筑现在不做图书馆用了，而是哥

↓哥伦比亚大学罗氏图书馆

↑陶行知（右一）与胡适（左二）等人在
哥伦比亚大学 Alma Mater 雕像前的石阶上

↓我在哥伦比亚大学 AlmaMater 雕像前的石阶上

伦比亚大学的行政管理中心，也是哥伦比亚大学师生开会的场所之一。

站在这座美丽的建筑前，首先吸引我的还不是它的穹顶和圆柱，而是大门前石阶上那座名为“Alma Mater”的雕像，这是一位智慧女神，她腿上放着《圣经》，双手高举，仿佛在拥抱着这个世界。此刻，春天最灿烂的阳光从蓝天倾泻下来，女神沐浴在阳光中，格外高贵美丽。

我想到一幅百年前的照片，年轻的胡适、陶行知等中国留学生坐在石阶上迎着阳光笑着，他们的背后正是眼前这座图书馆，照片的右上角还隐约可见智慧女神雕像的黑色基座。

我一下激动起来，也坐在雕像前的石阶上，背靠女神面向阳光拍了一张照片。当我坐下的时候，想到百年以前陶行知也是坐在这里拍照，仿佛感受到了陶行知的体温，穿越百年依然温暖。

巴特勒图书馆

智慧女神雕像的对面是现在的图书馆，叫“巴特勒图书馆”（Butler

↑巴特勒图书馆

Library）。据说，由于学校的藏书越来越多，罗氏图书馆越来越不够用，于是1931年在当时的校长尼古拉斯·莫瑞·巴特勒主持下建造了这座图书馆，该图书馆也因此以校长的名字命名为“巴特勒图书馆”。大楼正面有一拱廊，以爱奥尼亚式大柱子为间隔，雄伟而典雅。图书馆的四面墙上刻着许多伟大的思想家、作家、诗人、神学家的名字，包括荷马、柏拉图、亚里士多德、但丁、塞万提斯、莎士比亚、伏尔泰、歌德……光看这些名字，就让人肃然起敬。

巴特勒图书馆是哥伦比亚大学里最大的图书馆。馆里面的藏品主要涉及历史、文学、哲学和宗教范畴，以及全美有关古代希腊罗马的研究。巴特勒图书馆现在主要为研究生和老师使用，24小时开放。我想到头天晚上我从这里经过时，整个大楼灯火通明。此刻，我走进去快速转了一圈，每张桌子前都坐着学生，或埋头摘录，或凝神阅读。

东亚图书馆里的陶行知铜像

哥伦比亚大学还有一座东亚图书馆，里面收藏有中日韩文图书，其中中文图书（包括满、蒙文）收藏数量，仅次于美国国会图书馆和哈佛大学图书

↑东亚图书馆内景

馆。东亚图书馆的藏书无疑是相当丰富的，除了地面的阅览室，还有几层地下书库。我下去看了一层，一排排钢架书橱上，密密地排列着藏书。据介绍，现在的东亚图书馆中文藏书以历史、哲学、古典文学为主，收藏有42万册中文书籍，还有1.6万册藏文书籍。

让我感到惊喜的是，我在藏书目录上看到了我的著作《李镇西与语文民主教育》，这本书并没有放在外面的书架上，但如果我要读，可以请管理员去调出这本书。这个意外发现，让我小小的虚荣心得到了大大的满足。

但是，在我的眼里，东亚图书馆最大的亮点，是这里有“陶行知”。在一楼靠窗的一个平台上，矗立着先生的一尊铜像。这尊铜像是2016年1月，为了纪念陶行知先生到美国哥伦比亚大学就读100周年及陶行知先生逝世70周年，由美国龙峰文化基金会、美国中美友好协会、陶行知研究会、陶行知学院联合捐赠给哥伦比亚大学的。

1916—1917年两年间，陶行知先生曾在哥伦比亚大学教育学院学习。其实他1914年刚到美国时，是在伊利诺大学学习市政，后来他获得了伊利诺大学政治学文科硕士学位。但他感到要改变一个国家最关键的是改变其教育。于是他转到哥伦比亚大学，师从杜威①、孟禄②、克伯屈③等著名教育大师专攻教育。在这里，他不光专攻自己研究的基础课程教育行政学，而且还申请研习了比较教育、教育史、教育哲学、教育社会学、伦理学以及财政学等课程。他的教育思想源于杜威，但又超越了杜威；他从哥伦比亚大学走出，

①约翰·杜威，美国著名哲学家、教育家、心理学家，实用主义理论体系重要构建者，也是机能主义心理学和现代教育学的创始人之一。

②孟禄，美国教育家，教育“心理起源论”的代表人物。

③威廉·赫德·克伯屈，美国进步主义教育家，一生致力于对杜威的教育哲学进行解释，他具体阐述了进步教育的学习理论，提出了设计教学法（又称单元教学法）。

又根植于中国大地。陶行知先生是一位兼具国际胸襟和中国气派的教育家。

值得一提的是，在此之前，哥伦比亚大学不多的人物雕像中，没有一个中国人；但 2016 年陶行知塑像进驻了东亚图书馆。这不但是目前哥伦比亚大学唯一的华人雕塑，也是迄今为止首个进驻包括哥大在内的美国八大常春藤名校的华人铜像。

↑东亚图书馆外的“思想者”仿制雕像

走出东亚图书馆，便看到前面的花园里一尊罗丹的传世之作“思想者”——当然不是原作，但据说这是全球四个高品质仿制品之一，由学校重金购来安置于此。高台上的这个巨人坐在一块石头上，弯着腰，曲着膝，右手托腮，正在沉思，永远地沉思。

“思想”应该是大学的核心，“思想自由”更应是大学的灵魂。正是在这尊“思想者”雕塑后面的哲学系大楼里，走出了前面所提到的中国一大批思想大师，包括“五四”新文化运动的领袖人物之一胡适。

教师要发展、成长

我这次是应哥伦比亚大学“2019 中美教育论坛”邀请，前来做一个演讲。“中美教育论坛”由哥伦比亚大学教育学院和本科学院主办，从 2017 年起每年举办一次。今年是第三届。今年的论坛邀请了全球 57 位嘉宾，围绕六大主题（STEAM 教育、创新学校、儿童早期教育、教育投资、教育科技和教师发展）进行演讲，537 位各国参会者聆听了演讲，并参与了交流。

3 月 24 日下午，我以“教师发展”为主题发表了题为《学生教我当老师》的演讲。演讲中，我首先谈到了陶行知的民主教育思想，特别是他倡导的“教师要向学生学习”的观点。我讲了自己教育生涯中的三个真实的故事“车站送行”“毕业礼物”“挑战自我”，并引出三个观点——

“孩子的爱，能够让老师变得聪明起来。”

“让每一个学生成为教师的监督者、评价者、批评者和激励者。”

“把每一个教育难题都当作科研课题，是最有效的专业成长。”

在演讲中，我说：“任何一个优秀教师的成长都是自我培养与学生培养的有机统一。所谓‘自我培养’，意味着成长主体的自觉选择、自我提升和自由发展。所谓‘学生培养’，意味着教师不断主动地从学生中获得职业情感、职业动力、职业成就和职业幸福。”

我根据自己几十年成长的体会，提出了教师专业发展的“4+1”模式——

所谓“4”，就是“四个不停”：不停地实践，不停地思考，不停地阅读，不停地写作。我解释说：“一个年轻教师，如果真的做到这四个‘不停’，坚持十年二十年，你想不成功都十分困难。”所谓“1”，指的是一颗“教育心”。这颗“教育心”，就是爱心，即爱教育，爱学生；就是慧心，即有智慧，有技巧；就是大心，即宽广的胸襟，不但能够包容学生的缺点，也能从容应对成长路上的所有困难。

最后，我总结道：“每一个人的内心深处都潜藏着一个卓越的自己。所谓‘成长’，就是用一生的时间去寻找那个让自己吃惊的‘我’！”

不分国界的教育理念

同台演讲的，还有美国2015年年度教师尚娜·皮普尔斯（Shanna Peeples）、2017年美国年度教师悉妮·查菲（Sydney Chaffee）。两位美丽的女教师从女性教师的成长角度，为大家讲述了美国教育行业的职业发展道路。皮普尔斯表示，我们如何对待自己的发展，一定程度上映射出我们对待孩子的教育。并非所有的老师天生就是优秀的师者，他们在不断跟学生的互动中产生互信和互爱。悉妮老师说出了她从教的诀窍：“永远保持谦卑和热情！”

哥伦比亚大学教育学院教育领导力项目的教授杰弗里·杨（Jeffrey Young）也发表了演讲。他打比方说，教育就好比一个父亲教自己的女儿骑

↑我与哥伦比亚大学教育学院的中国留学生交流

自行车，这是一个循环而漫长的过程，中间是无数次摔倒和爬起，但是你必须坚持。终于有一天，当父亲听到女儿对自己说“爸爸，你可以松手了”，这就是教育成功的那一刻。

中国著名特级教师魏勇以远程视频的方式发表了题为《为了充满思考的教室》的演讲。他以自己的教育经历谈到了他对教育的理解，特别强调了对学生批判性思维和创造性能力的培养。

听了他们的演讲，我感慨万千：先进的教育理念不分国界。尤其是爱、责任与智慧，乃是古今中外一切教育者优秀的根本原因。

除了演讲，我还应邀和哥伦比亚大学教育学院的中国留学生进行了座谈交流，面对他们的提问，我就教育的信念、课堂教育艺术、转化“后进生”、教师专业阅读等问题谈了我的看法。这些年轻而纯真可爱的硕士生、博士生，青春逼人，理想灿烂；虽然在国外，却心系祖国教育。我对他们说：“你们一旦选择了教育，就要意识到，你们选择的远不只是一项职业，更是选择了一种价值观。”

中国教育梦

离开哥伦比亚大学的那天上午，我特意来到东亚图书馆，来到陶行知塑像前。

我想到，一百余年前，先生在这里学习了两年。1916 年 2 月 16 日，他致信哥伦比亚大学教育学院院长罗素谈“我的学历及终生志愿”，信中有几句话特别打动我——

余今生之惟一目的在于经由教育而非经由军事革命创造一民主国

家。……再经两年之培训，余将回国与其他教育工作者合作，为我国人民组织一高效率之公众教育体系，以使他们能步美国人民之后尘，发展和保持一真正之民主国家，因此乃惟一能够实现的正义与自由的理想之国。

这是24岁的陶行知站在哥伦比亚大学所怀揣的中国教育梦。

我站在陶行知塑像前凝视着先生。透过玻璃窗的阳光，洒在先生的头上和肩上。年轻的陶行知先生嘴角紧抿，一双眼睛透过镜片放射出坚毅的目光。他在思考，思考着中国的教育；他在憧憬，憧憬着中国的未来。我的目光久久地和先生的目光对视……

↓我在陶行知塑像前

从他的目光中，我依然读到了焦灼，读到了憧憬，也读到了询问——

百年过去了，我当年在哥伦比亚大学的中国教育梦实现了吗？

不能说一点都没有，但“革命尚未成功，同志仍需努力”。想到中国百年以来的教育，我感慨万千。今天中国的教育依然与先生所倡导的“真教育”“生活教育”“民主教育”相去甚远，我有了几分惭愧。我们现在所倡导并践行的素质教育的所有主张，都没有超出陶行知当年的教育视野。或者说，我们今天的教育改革，还依然行走在陶行知教育思想的延长线上。

“坚持扎根中国大地办教育”肯定是没有错的，同时我们还应该继续牢记并践行邓小平同志的题词：“教育要面向现代化，面向世界，面向未来！”

但愿再过若干年，中国教育人能够再次来到这里，给先生交上满意的答卷。

后记

心在哪里，“诗和远方”就在哪里

我第一次走出国门是1999年。从那以后的20年，我先后去过20来个国家，除了少数时候是应邀讲学，多数时候都是自费旅游。我有写作的习惯，在异国他乡有感而发写下的文字，最早发在网上论坛，后来发在博客。微信公众号兴起后，我又发在我的微信公众号“镇西茶馆”上。一个人的旅途乐趣，通过文字和图片分享给更多的朋友，就成了我旅游的“第二次乐趣”。

10多年前，我的第一本游记《怦然心动》出版，后来又出版过《丹麦访学游记》。今天这本《李镇西国外游记》是我最近10年来走访过的10多个国家游记的汇集。这些文字最早在微信公众号“镇西茶馆”推出时，每天都有一批非常忠实的读者坚持阅读，还留言评论，让我很感动。这也是我写作的动力之一。

有朋友说我天天写游记，太辛苦了。不，我写这些文字并非朋友想象的那么辛苦，就像旅游拍照一样，写作也是一种对风景的记录。拍照累吗？不累。写作也一样，也不存在“累”这一说。走访好几个国家，坐大巴、乘火车时，是我写作的时间。还因为时差，每天醒得很早，那也是我写作的时间。习惯而已。谢谢大家的关心！

有不少朋友问了我一些关于旅游的问题，我这里集中回答一下，也算是给大家的旅游建议。我这些建议未必有多大价值，就当是我分享给大家的旅游心得吧！

1. 有朋友问我，旅游的时间从何而来？他们觉得工作太忙了，“没时间出去”。这个问题太简单了——有假期呀！除了应邀讲学（这种情况其实并不多），我都是利用假期出去旅游。或者是小长假，或者是寒暑假。最近几年我去法国、澳大利亚、新西兰、韩国、日本等地旅游，全是利用寒暑假的时间。昨天有一个小学同学和我说，他退休了，计划出去旅游，每一个喜欢的地方住 2 个月，争取 70 岁以前把想去的地方都走遍。我很羡慕他，但我做不到，因为教育工作不是想退就能退的。但只要心里有远方的梦，就能够利用放假的时间放飞心灵。

2. 有朋友说，旅游要花钱啊，经济拮据又想旅游怎么办？这，这……这还真把我难住了，我不知道如何回答。旅游的确要花钱，不过钱多就走远一些，钱少就走近一些。我从年轻时就有旅游的习惯了，刚参加工作时每个月 52.5 元的收入，按当时的物价，这个工资并不算低，但如果要旅游，还是捉襟见肘。没关系，我就骑自行车旅游嘛，至少省下了车票钱。记得我工作的第一个暑假就是和朋友一起骑自行车环游四川省内。后来结婚了，和我爱人一起出川旅游，就尽量买硬座甚至站票，最好是晚间车，这样可以省一晚上的住宿费。记得 1985 年，我们在全国游了一圈回到成都，还剩 10 来元钱，就想干脆花光，去九寨沟玩，结果游完九寨沟回到家里，仅剩 7 分钱。我这个人从年轻时到现在都不怎么花钱，一不喝酒，二不吸烟，三不喝茶。年轻时日常生活中花钱主要就两个方面，一是买书，二是给自行车轮胎加气。节省下来的钱就拿来旅游。这次我去中欧，在飞机上邂逅了两位刚工作几年的年轻人，她俩也去欧洲旅游，而且是自由行。放在过去，这可不容易实现。但是现在出国旅游也不是过去想象的那么奢侈了。当然，不同地区的老师可能工资收入有差别，有的地方老师待遇还非常低。我希望以后老师们都能够体面地旅游。不过，我还是认为，钱当然是重要因素，但不是决定因素，决定因素还是心。

3. 有朋友请我帮着设计旅游线路，这有点难为我了，因为每个人的兴趣不一样。我只能说我的情况。我一直喜欢人文旅游，就是去转文物古迹比较多的地方，包括古镇。还有，我是教语文的，凡是语文课本上涉及的地方，我都尽量通过旅游实地考察，比如绍兴的咸亨酒店，比如无锡的东林书院，比如普陀山的梵音洞，等等，更不用说黄山、泰山等名山大川了。这次去中欧，我就去了华沙，虽然华沙并非旅游热点城市，但这里有居里夫人，有肖邦，有哥白尼；我还特地去了奥斯维辛集中营、柏林墙等我感兴趣的地方。还有，我喜欢去还没开发或刚刚开发的景点，人少而且相对比较原生态。九寨沟我是 1985 年去的，张家界是 1986 年去的，当时都是刚刚开发。四川的瓦屋山，我去的时候整座山一个游人都没有，除了护林员的工棚外，再也没有其他人工建筑。现在想起来，太舒服了。总之，去哪里不去哪里，完全取决于你自己的兴趣，别人是不好帮你“设计”的。

4. 关于出国旅游的方式，是跟团游还是自由行，这也得看情况，因人而异。如果不会外语，不熟悉旅游地，跟团当然是最方便的，一切不用操心，跟着走就是了。但如果想自己自由地游，那肯定是自由行最好。我最近几年都是自由行，因为我有一个很有利的条件：我女儿会 4 门外语，是一个很好的翻译，而且她特别擅长做各种旅游准备工作，比如订机票呀，买门票呀，安排住宿呀，等等。基本上走遍世界都没有问题，所以我们都是自由行。每次出去，我们都尽量住民宿，少住酒店，这样也可以省点钱。住民宿还有一个好处，就是很方便，有厨房，有锅碗瓢盆，可以自己弄吃的。在国外很多时候饮食不习惯，我们就自己带上火锅底料，到了当地找超市买菜，回到房间自己弄火锅，多好，如果住酒店显然不行。当然，自由行对外语有要求，不然只好跟团。好在现在的年轻人一般英语都还行，所以我建议最好自由行。

5. 有朋友见我的旅游文字中有不少人文内容，问我是不是带着书上路的。我出门带书已是习惯，但也就一两本，毕竟路上奔波读书的时间不会很多。但我的旅游文字中之所以涉及了一些当地的人文内容，是因为出国前得做相关准备。比如今年寒假去中欧的一些国家，涉及二战、东欧社会主义改革等，我以前就对这些感兴趣，读过一些书，这次出去前又专门读了相关的内容，这样到了实地看到景观，更能理解其内涵。许多人去旅游就是冲着“热门风景”，听说哪里漂亮就去哪里，到了之后就摆各种造型照相，然后走人。这样的旅游，意义确实不大。同样花了钱，如果你了解了参观对象的有关历史背景和典故，收获肯定要大得多。所以我主张出门前读读相关书籍。

6. 国外安全怎么样？这也是一些朋友问我的问题。这个问题也不好一概而论。就我去过的地方，有的国家的确要差一些，但所谓“差”也是相对的，远不像有人想象得那么糟，因为既然是旅游景区，当地的管理肯定还是有基础的。一般来说，欧美大洋洲绝大多数国家的治安是可以放心的。我在美国，在德国，在奥地利，在丹麦，在澳大利亚和新西兰，常常天不见亮就独自出去拍照，从没担心过被人抢。在这些国家最让我放心的是吃，虽然口味不习惯，但完全不用担心食品安全。另外，在这些国家我还有一个很明显的感觉，就是人与人之间彼此尊重，感觉多数人都很有修养。平时在街上，偶然和素不相识的人目光相碰，对方都会给你一个微笑（我当然不敢说每一个人，但至少我遇见的多数人是这样的），早晨，迎面过来的陌生人向你问好，感觉很温馨，很和谐。总之，我最近几年在国外，无论学习还是旅游，都是比较放松的，因为当地环境让我放心。

…………

最近几年比较时兴说“诗和远方”这个短语。其实，“诗”也好，“远方”也好，都在我们自己心里。这里的“诗”，不是指具体的诗句，而是一种情怀：怦然心动、心潮起伏、热泪盈眶……就是“诗”；这里的“远方”也不是指具体的地点，而是一种追求：憧憬、梦想、心灵的飞翔……就是“远方”。

真诚地祝大家有机会能够走遍天下，更祝大家每一天都有自己的“诗和远方”！

2019 年 6 月 11 日